Rolf Hennig · **Schalenwild richtig ansprechen**

Schalenwild richtig ansprechen

Von Rolf Hennig

LANDBUCH-VERLAG GMBH · HANNOVER

Umschlagfoto: Jürgen Weber
Alle Zeichnungen: Hannes Liederley

Landbuch-Verlag GmbH, Hannover, 1984,
2., verbesserte Auflage

Satz, Druck und buchbinderische Verarbeitung:
Landbuch-Verlag GmbH, Hannover

ISBN 3 7842 0292 6

I. Sicheres Ansprechen – Pflicht jeden Jägers

Begriff des Ansprechens

Unter Ansprechen versteht man das genaue Erkennen und korrekte Bestimmen eines Stückes Wild in dem Ausmaß, wie es eine waidgerechte Jagdausübung bei der jeweiligen Wildart erfordert.

Bedeutung des Ansprechens

Ein solches Ansprechen ist notwendig, um für Wildbestandsaufnahme und Abschußplanung die notwendigen Unterlagen zu erhalten sowie bei der Jagdausübung die gesetzlichen Vorschriften (z. B. Schonzeit- und Abschußplanbestimmungen) einhalten und beim Schalenwild auch einen Wahlabschuß durchführen zu können. Hinsichtlich des Schalenwildes versteht man deshalb unter Ansprechen im weiteren Sinne auch die Beurteilung, ob das jeweilige Stück zu schonen oder zu erlegen ist.

Aufgaben des Ansprechens

Bei vielen Niederwildarten (z. B. Hase, Rebhuhn) genügt für das Ansprechen die Bestimmung der Wildart, bei anderen (z. B. Fasan, Birkwild) ist auch die Bestimmung des Geschlechts wichtig. Für das Ansprechen des Schalenwildes lassen sich drei Hauptaufgaben herausstellen:

1. Bestimmung der Wildart;
2. Bestimmung des Geschlechtes und des Alters;
3. Bestimmung des gegenwärtigen Zustandes und der wahrscheinlichen Weiterentwicklung, damit zusammenhängend unter Umständen die Beurteilung der Frage, ob dieses Stück zu erlegen oder zu erhalten ist.

Das Bestimmen der Wildart wird im weiteren Verlauf dieses Buches nicht näher erklärt, da die Arteigentümlichkeiten zur Genüge aus den Abbildungen hervorgehen. Die Erläuterungen erstrecken sich also nur auf die beiden anderen Punkte.

Ansprechen gestern und heute

Wie viele Dinge unseres Jagdwesens, hat auch das Ansprechen in den letzten Jahrzehnten grundlegende Wandlungen erfahren. Am Beispiel des Rehbocks sei dies erklärt.

Manche alten Jäger sprechen den Bock ausschließlich nach dem Gehörn an. Diese Gewohnheit stammt noch aus einer Zeit, in der es als waidgerecht galt, lediglich Sechserböcke zu schießen. Heute genügt es nicht mehr, nur das Gehörn zu kennen, sondern wir müssen das Alter feststellen. Das aber ist allein nach dem Gehörn unmöglich. Glücklicherweise gibt es noch eine ganze Reihe von anderen Merkmalen, die Schlüsse auf das Lebensalter des Stückes zulassen: Figur, Kopfform und Kopffärbung, Gesichtsausdruck usw., aber auch die Art der Bewegung und des individuellen Verhaltens, das Verhalten gegenüber Artgenossen, der Zeitpunkt des Fegens, Abwerfens und Verfärbens u. ä. Will man ein Stück genau ansprechen, reicht es häufig nicht, nur dessen Aussehen zu berücksichtigen, sondern man muß es oft längere Zeit, manchmal über Tage oder gar Wochen hinweg beobachten. Natürlich kann auch der Kopfschmuck einen Anhalt für die Altersbestimmung geben, doch ist dieser gerade beim Rehwild oft sehr trügerisch, beim Rot- und Damwild zwar sicherer, doch auch hier keineswegs so zuverlässig, wie manche Jäger glauben. Der Kopfschmuck darf also nur mit äußerster Vorsicht zur Altersbestimmung herangezogen werden, wofür auch noch eine andere Überlegung spricht. Es wird ja die Zahl der in den einzelnen Altersklassen zu erlegenden Stücke nach der Wilddichte, dem Zuwachs und der Gliederung des gesamten Bestandes im Abschlußplan festgelegt. Die innerhalb jeder Altersklasse zu erlegenden Stücke sollen dagegen so ausgewählt werden, daß die jeweils schwächsten Stücke aus dem Bestand herausgenommen, die besser entwickelten aber erhalten werden. Da unser Bestreben starke Trophäen sind, muß deshalb – außer in der jüngsten Altersklasse, in der hauptsächlich nach der Wildbretstärke zu urteilen ist – sehr weitgehend der Hauptschmuck zur Beurteilung der bisherigen und zukünftigen Entwicklung herangezogen werden. Ob ein Stück einen gut oder schlecht entwickelten Hauptschmuck trägt, kann aber oft nur entschieden werden, wenn man den gegenwärtigen Kopfschmuck zu dem Alter seines Trägers in Beziehung setzt. Beispielsweise wäre etwa in einem bestimmten Rehwildrevier das gleiche normalgeformte, gut lauscherhohe Gabelgehörn für einen einjährigen Rehbock eine Spitzenleistung, für einen zweijährigen Bock eine Durchschnittsleistung und einen älteren Bock würde es in einem durchschnittlichen oder gar guten Gehörnjahr als abschußnotwendig ausweisen. Man muß also zunächst nach allen zur Verfügung stehenden Merkmalen das Alter eines Bockes oder Hirsches bestimmen und dann entscheiden, ob der Kopfschmuck dem Lebensalter seines Trägers entsprechend gut, normal oder schwach entwickelt ist, wie erfahrungsgemäß die wahrscheinliche Weiterentwicklung verlaufen wird und somit dieses Stück ein besonders guter, ein durchschnittlicher oder ein schlechter Vertreter seines Jahrgangs ist. Liegen nicht deutliche Abnormitäten, Krankheiten oder schwere Verletzungen vor, so kann erst nach diesen Überlegungen die Abschußnotwendigkeit oder Erhaltungswürdigkeit im Vergleich mit anderen gleichalten Stücken desselben Bestandes entschieden werden.

Klassen-einteilungen

Zur Kennzeichnung der jagdbaren Reife, der Erhaltungswürdigkeit und der Abschußnotwendigkeit waren erstmals unter dem Reichsjagdgesetz von 1934 vier Güteklassen eingeführt worden:

I a gut jagdbar mit idealen Geweih- bzw. Gehörnformen, auf der Höhe der Entwicklung;

I b starke jagdbare Stücke auf der Höhe der Entwicklung, jedoch mit geringen Fehlern in der Geweih- bzw. Gehörnbildung;

II a junge, gut veranlagte Stücke, die aller Voraussicht nach die Klassen I a oder I b erreichen werden; Länge und Form des Kopfschmucks müssen schon beim zweijährigen Stück gut ausgebildet sein;

II b ewig mittelmäßige, schlecht veranlagte Stücke, im Verhältnis zu den anderen Stücken ihrer Altersklasse schwach, unerwünschte Geweih- bzw. Gehörnformen, ferner stark zurückgesetzte, abnorme, kranke und parasitierte Stücke.

Nach dem 2. Weltkrieg hat man in vielen deutschen Jagdkreisen beim Rot-, Dam- und Rehwild zusätzlich noch die Klasse II c (vordringlich abschußnotwendig) eingeführt, die im wesentlichen die sogenannten Knopfspießer umfaßt. Beim Rotwild wird gebietsweise auch eine Klasse II b 2, beim Rehwild teilweise eine Klasseneinteilung A, B und C oder I, II und III geführt. Weitere unterschiedliche Vorschläge wurden diskutiert, wobei auch die diesbezüglichen, zum Teil beträchtlichen Unterschiede der Schalenwildarten zu berücksichtigen waren.

Der DJV-Schalenwildausschuß hat Vorschläge zur „Vereinheitlichung der Schalenwild-Abschußrichtlinien“ erarbeitet. Diese Vorschläge gehen wiederum aus von der vorgenannten Einteilung in I a, I b, II a und II b, lassen die Klasse II c fallen und setzen dafür neu die Klassen IIIa und IIIb, die im wesentlichen die Jährlingsböcke bzw. die zwei bis drei jüngsten Hirschjahrgänge erfassen und diese danach unterteilen, ob sie der Normalentwicklung entsprechen oder nicht.

Örtliche Unterschiede

Eine bis in alle Einzelheiten hineingehende und überall gültige Definition dieser Güteklassen gibt es nicht und kann es nicht geben, da die Entwicklung der Wildbestände, und damit die an sie zu stellenden Qualitätsanforderungen, gegendweise sehr unterschiedlich sind. In den Kapiteln über das Ansprechen der einzelnen Wildarten können deshalb meist nur allgemeine Hinweise bezüglich der Güteklassen gegeben und nur gelegentlich solche Stücke mit ihrer Güteklasse bezeichnet werden, die in allen europäischen Revieren in diese Klasse einzuordnen sind. Innerhalb eines Hegeringes, oder manchmal auch eines noch größeren Gebietes, lassen sich dagegen oftmals sehr genaue Richtlinien nach Stangenlänge, Geweihgewicht usw. aufstellen, und die Klassifizierung der einzelnen Stücke hat dann nach diesen Richtlinien zu erfolgen.

Veranlagung und äußere Einflüsse

Hier müssen nur im voraus noch einige Begriffe klargestellt werden. In Jägerkreisen wird oft von gut veranlagten und schlecht veranlagten Stücken gesprochen. Zweifellos spielt die Veranlagung für die spätere Entwicklung sowie für die Vererbung an die Nachkommen eine sehr große Rolle. Doch lassen sich die in einem Stück Wild steckenden Anlagen oft nicht erkennen, da bezüglich der individuellen Entwicklung auch zahlreiche äußere Einflüsse von entscheidender Bedeutung sind. Ein überdurchschnittlich entwickeltes Stück besitzt zwar gute Anlagen – sonst wäre es ja nicht so gut entwickelt. Ein unterdurchschnittlich entwickeltes Stück braucht dagegen keineswegs schlecht veranlagt zu sein. Es kann durchaus gute

Anlagen in sich tragen, an ihrer Entfaltung aber durch äußere Umstände gehindert worden sein, etwa durch frühzeitigen Verlust der Mutter, durch Krankheiten, starke Parasitierung, schwere Verletzungen usw. Besser ist es also, nicht von gut und schlecht veranlagten, sondern von gut und schlecht entwickelten Stücken zu sprechen. Das gut entwickelte Stück wird auch immer gut veranlagt sein, beim schlecht entwikkelten Stück muß die Ursache dieser schlechten Entwicklung offen bleiben.

Fehlerhafte Ausdrücke

Der Grund für die soeben kritisierte fehlerhafte Ausdrucksweise liegt in der starken Überbewertung der Vererbung in den letzten Jahrzehnten, die auch in Begriffen wie „Aufartung", „gute Vererber", „Artverderber", die „auszumerzen" sind, und ähnlichen ihren Ausdruck fand. Zweifellos haben die Vererbungsgesetze – wie für alle Lebewesen – auch für das Wild eine erhebliche Bedeutung, doch keineswegs eine so große, wie man zur Zeit des Reichsjagdgesetzes glaubte. Heute wissen wir, daß zahlreiche Einflüsse des Lebensraumes und der Lebensgemeinschaft für die Entwicklung und Stärke des Wildes von mindestens genauso großer Bedeutung sind wie die Vererbung. Ganz abgesehen davon haben aber in der Zeit des Reichsjagdgesetzes auch Begriffe und Vorstellungen in das Denken der Jäger starken Eingang gefunden, die von seiten der Vererbungsforschung weder geprägt noch fundiert waren, sondern die nur in dem pseudowissenschaftlichen Denken biologisch nicht ausreichend gebildeter Schriftsteller entstanden und von ihnen verbreitet worden sind. Selbstverständlich dürfen wir deshalb nicht die Ergebnisse der exakten Vererbungsforschung unberücksichtigt lassen, wir müssen uns aber davor hüten, laienhafte Spekulationen zur Grundlage unserer Hege zu machen, und wir tun gut daran, wissenschaftlich nicht begründete Begriffe aus unserem Wortschatz fortzulassen.

Anleitungen zum Ansprechen

Ein sicheres Ansprechen und das Fällen richtiger Entscheidungen beim Hegeabschuß – auch in schwierigen Fällen – ist eine Kunst, die man nur in langjähriger Praxis im Revier lernen kann. Ein einschlägiges Lehrbuch kann deshalb immer nur eine Anleitung sein, die den Jäger in diese Materie einführt und die ihm Hinweise auf die zu beachtenden Merkmale gibt. Dieses und nicht mehr ist die Aufgabe dieses Leitfadens!

Ansprechen und Wahlabschuß

Erfolgt das Ansprechen zum Zwecke des Wahlabschusses im Rahmen der Hege mit der Büchse, so muß immer bedacht werden, daß die Auswahl zum Abschuß nur in dem übergeordneten Rahmen der Regulierung des Gesamtbestandes sinnvoll sein kann. Soweit sich dieses Buch auf den Wahlabschuß beim Schalenwild bezieht, darf sein Inhalt deshalb immer nur im Zusammenhang mit einer nach unseren heutigen Kenntnissen richtigen Abschußplanung gesehen werden. Dieses Buch und der schon früher in dieser Reihe erschienene Band „Der Abschußplan“ müssen also in dieser Hinsicht als zusammengehörig betrachtet werden.

II. Das Ansprechen des Rotwildes

Kälber

Die Kälber besitzen bei der Geburt (Mitte Mai bis Ende Juni) — ähnlich wie die Damkälber und Rehkitze — eine charakteristische Jugendzeichnung (Abb. 1), die sog. Kälberflecke, die zwar durch nachwachsende Haare bald verwischt wird, in der Regel

Abb. 1: Rotalttier mit sehr jungem Kalb.

aber bis zum herbstlichen Haarwechsel sichtbar bleibt. In Ausnahmefällen sind die Kälberflecke auch bei älteren Stücken noch schwach sichtbar. Im übrigen unterscheiden sich die Rotkälber von älteren Stücken so deutlich in der Größe, daß eine Verwechslung kaum möglich ist. Nur sehr selten kann

Abb. 2: Kopfformen: a Alttier, b Kalb, c Schmaltier, d abgeworfener Hirsch.

es im Spätwinter einmal schwierig werden, ein besonders starkes Kalb von einem besonders schwachen Schmaltier zu unterscheiden. Dann können der beim Kalb noch verhältnismäßig kurze Hals und vor allem die Kopfform (Abb. 2) als Merkmale herangezogen werden.

Viel ist darüber diskutiert worden, ob es möglich sei, Hirschkälber und Wildkälber mit Sicherheit zu unterscheiden. Diese Frage muß mit einem klaren Nein beantwortet werden — ausgenommen, man beobachtet ein Kalb zufällig beim Nässen. Ansonsten gibt es nur mehr oder minder sichere Anhaltspunkte. Solche sind für das Hirschkalb im wesentlichen eine dunklere Färbung, vor allem an der Körperunterseite, sowie eine etwas stärkere Behaarung am Hals, wodurch dieser etwas dicker erscheint. Diese Unterschiede sind jedoch so fein (und häufig auch überhaupt nicht festzustellen), daß es selbst sehr erfahrenen Rotwildjägern nicht mit Sicherheit gelingt, Hirsch- und Wildkälber auseinanderzuhalten. Ein deutlich sichtbarer Haarkranz an den Stellen, an denen sich die Rosenstöcke bilden, entsteht meist erst in den letzten Monaten des ersten Lebensjahres, also nach Ende der Jagdzeit.

Abb. 3: Rotspießer vom ersten Kopf.

Abb. 4: Junger Hirsch.

Körpermerkmale der Hirsche

Vom vollendeten ersten Lebensjahr ab ist der Unterschied zwischen den Geschlechtern ganz deutlich. Hier sei zunächst das Ansprechen der Hirsche behandelt, und zwar zunächst nach den allgemeinen Körpermerkmalen ohne Berücksichtigung des Geweihs:

1. Einjährige Hirsche (Schmalspießer)

In allem sehr jugendliches, kindliches Aussehen, das kaum das spätere Aussehen des Hirsches ahnen läßt. „Schmaltier mit Geweih" oder „rehähnlich". Im einzelnen: schlanker, schmaler Körper auf hohen Läufen, schlanker, hochgereckter Träger, kein Widerrist, schmaler, spitzer Kopf, groß erscheinende Lichter, dadurch „kindlich-neugierig" erscheinender Blick, noch keine oder nur zu ahnende Mähne (Abb. 3).

2. Junger Hirsch

Schon deutliche Hirschfigur, jedoch noch schlanker, eleganter Rumpf, immer noch hochläufig, Gewicht gleichmäßig auf alle vier Läufe verteilt, gerade Rükkenlinie, spitzer Spiegel, spitzer, lang erscheinender Kopf, aufrecht gehaltener Träger mit geringer Mähne, immer noch jugendlicher Gesichtsausdruck (Abb. 4).

3. Mittelalter Hirsch

Massiger, mehr viereckiger Rumpf, breiter Stich, weniger spitzer, dadurch kürzer erscheinender Kopf auf stärkerem, nicht mehr so hoch aufgereckt getragenem Hals mit starker Mähne, Anfänge eines Widerristes zwischen Träger und Rumpf, beginnende Schwerpunktverlagerung nach vorn, Kopf heller als Rumpf (Abb. 5).

Abb. 5: Mittelalter Hirsch.

Abb. 6: Reifer Hirsch.

4. Alter (reifer) Hirsch

Massiger, tiefer Rumpf, dadurch kurzläufiger erscheinend, Schwerpunkt deutlich nach vorn verlagert; stumpfer, dadurch kurz erscheinender, klobiger Kopf auf starkem, meist waagerecht gehaltenem Träger mit sehr starker Mähne, deutlicher Widerrist, brummiger Gesichtsausdruck, Kopffärbung wird mit zunehmendem Alter heller, grauer; an ein Doppelkinn erinnernde Wamme; während der Feistzeit Hängebauch (Abb. 6).

5. Überalterter Hirsch

Bei den gleichen Merkmalen, wie sie ein alter Hirsch zeigt, zusätzlich durchhängende Rückenlinie und deutlicher Hängebauch, manchmal auch bereits im Wildbret abgekommen (Abb. 7).

Abb. 7: Überalterter Hirsch.

Hängeknie

Ein häufig aber nicht immer bei sehr alten Stücken beiderlei Geschlechts anzutreffendes Merkmal sind auch die sogenannten Hängeknie, ein Altersmerkmal, das auch von Pferden her bekannt ist und dort vielfach als „telegrafieren" bezeichnet wird. Die sogenannten Vorderknie (richtig: Handgelenke) werden nicht mehr gerade durchgedrückt, sondern bleiben immer etwas nach vorn gekrümmt. Dadurch steht das Tier vorn nicht mehr so ruhig und sicher, sondern etwas wackelig.

Geweihaufbau

In welchem Verhältnis steht nun die Geweihbildung zum Lebensalter? Bevor wir dieses Thema erörtern, sei in Abb. 8 der Aufbau eines Rothirschgeweihes und die Bezeichnung seiner Einzelteile veranschaulicht. Die Bezeichnung nach der Endenzahl erfolgt so, daß die Endenzahl derjenigen Stange, welche die meisten Enden aufweist, verdoppelt wird, so daß sich immer eine gerade Endenzahl ergibt. Demnach gibt es Spießer, Gabler, Sechser, Achter, Zehner, Zwölfer usw. Ist die Endenzahl an beiden Stangen verschieden, so bezeichnet man den Hirsch als ungeraden Gabler, Sechser, Achter usw. Jedes Ende muß — an der Unterseite gemessen — mindestens 2 cm lang sein, um als Ende gerechnet zu werden. Der Ansatz-

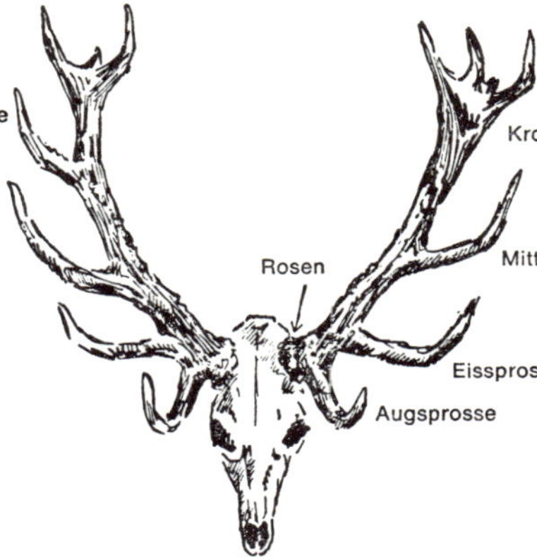

Abb. 8: Das Rothirschgeweih.

punkt für eine genaue Messung nach den Bewertungsformeln ist dort, wo sich das Ende deutlich von der Stange absetzt. Die Wolfssprosse wird vielfach mit zur Krone gerechnet. Bei den Kronen unterscheidet man verschiedene Formen, zum Beispiel Becherkrone, Doppelgabelkrone, hand- oder fächerförmige Krone usw.

Spießer

Der einjährige Hirsch ist in der Regel Spießer. Zu Beginn der Jagdzeit hat er aber noch nicht fertig geschoben, so daß zu diesem Zeitpunkt die Stangenlänge des fertigen Geweihs nicht beurteilt werden kann. Manche einjährigen Hirsche zeigen sogar erst jetzt eben sichtbare Stangenansätze. Der Wahlabschuß in dieser Altersklasse darf also erst beginnen, wenn die Mehrzahl der einjährigen Hirsche gefegt hat, was im September bis Oktober geschieht, ganz vereinzelt ab August. Welche abzuschießen sind, muß im Vergleich mit anderen gleichalten Stücken desselben Bestandes entschieden werden, insbesondere nach der Wildbretstärke, in zweiter Linie nach der Stangenlänge. Ungleichlange oder ungleichförmige Stangen allein sind nur ein Abschußgrund, wenn eine

Abb. 9: Geweihe vom ersten Kopf. Links oben abschußnotwendiger Spießer; rechts unten auf einer Seite Kronen- oder Hochgabler, auf der anderen Seite Kronensechser: beste Zukunft!

Abb. 10: Spießer vom zweiten Kopf: Immer abschußnotwendig!

Stange deutlich verkümmert ist. In manchen Rotwildgebieten tragen besonders gut veranlagte einjährige Hirsche auch schon schwache Gabelgeweihe, in ganz seltenen Ausnahmefällen sogar bereits eine kleine Krone. In Abb. 9 sind verschiedene Geweihe vom ersten Kopf zusammengestellt. Spießer, deren gefegte Stangen oder deren ungefegte Stangen im Oktober die Lauscher nicht überragen, sind in allen Rotwildgebieten abschußnotwendig.

Zweiter Kopf

Auch unter den zweijährigen Hirschen kommen gelegentlich noch Spießer vor, die dann immer abschußnotwendig sind. Da sie auch körperlich oft stark unterentwickelt sind, lassen sie sich nicht immer leicht von bereits gefegten starken Spießern des ersten Kopfes unterscheiden. Sie sollten deshalb nach Möglichkeit bereits abgeschossen werden, bevor die einjährigen Hirsche gefegt haben. Durch den unterschiedlichen Fegezeitpunkt der ein- und zweijährigen Hirsche lassen sich Spießer vom ersten und zweiten Kopf einwandfrei trennen. Weitere, wenn auch nicht immer sicher anzusprechende Merkmale sind die beim einjährigen Spießer fehlenden, beim zweijährigen dagegen immer vorhandenen, oft allerdings schwer zu sehenden Rosen sowie die beim einjährigen nach vorn, beim zweijährigen nach hinten gerichtete Stangenkrümmung. Abb. 10 zeigt mehrere Spießer vom zweiten Kopf.

Der normal entwickelte zweijährige Hirsch soll mindestens ein Gabelgeweih tragen, ja, in den meisten Rotwildgebieten gelten zweijährige (und selbstverständlich auch noch ältere) Gabler grundsätzlich als abschußnotwendig, da von zweijährigen Hirschen bereits mehr verlangt werden kann. Der Sechser ist die Regel, Achter und Zehner kommen vor, ganz vereinzelt sogar schon Hirsche mit einer noch höheren Endenzahl. In Abb. 11 sind verschiedene Geweihe vom zweiten Kopf zusammengestellt. Ein Hirsch mit Augsprosse ist immer mindestens zweijährig. Der einjährige Gabler setzt die Gabel erst

Abb. 11: Hirsche vom zweiten Kopf.

oberhalb der Stangenmitte oder am Stangenende an und wird deshalb auch als Hochgabler oder Kronengabler bezeichnet. Allerdings wird auch beim zweiten Kopf die meist noch gerade Augsprosse etwas höher angesetzt als in späteren Jahren; außerdem ist der Winkel zwischen ihr und der Stange beim zweijährigen Hirsch meist deutlich spitzer als beim älteren Hirsch. Diese oft gerade, deutlich nach oben gerichtete und verhältnismäßig hoch angesetzte Augsprosse kann als typisches Merkmal für den zweiten Kopf gelten.

Folge-gewelhe

Während sich der zweijährige Hirsch sowohl im Körper als auch im Geweih deutlich vom einjährigen unterscheidet und im Geweih wenigstens einige Anhaltspunkte gibt, die oftmals eine Unterscheidung vom dreijährigen Hirsch zulassen, ist in den älteren Jahrgängen eine Altersfeststellung auf ein Jahr genau unmöglich — es sei denn, daß man ein zweifelsfrei immer wiederzuerkennendes Stück seit seiner Jugend kennt. Da der Hauptabschuß bereits in den Jugendklassen erledigt sein soll und in den folgenden Jahrgängen nur ein geringer Abschuß durchzuführen ist, kann man sich hierbei auf kranke und abnorme oder solche Hirsche beschränken, die eine dem dortigen Rotwildbestand angemessene Entwicklung nicht zeigen oder erwarten lassen.

Geweih-abnormitäten

Ausgesprochene Geweihabnormitäten sind beim Rotwild zwar selten, doch können sie in so vielen verschiedenen Formen auftreten, daß es praktisch unmöglich ist, hier einen vollkommenen Überblick zu geben. Nur der Vollständigkeit halber seien in Abb. 12 einige Geweihabnormitäten gezeigt. Besonders hingewiesen werden muß auf eine gegendweise leider nicht seltene Abnormität: das Fehlen jeglicher Geweihbildung. Solche Hirsche, die als Mönche, Plattköpfe oder auch Büffel bezeichnet werden, zeigen meist eine normale Hirschfigur und sind dadurch, trotz ihres fehlenden Geweihs, als Hirsch zu erkennen. Leider sind sie in der Regel voll geschlechtsreif und deshalb unbedingt abzuschießen,

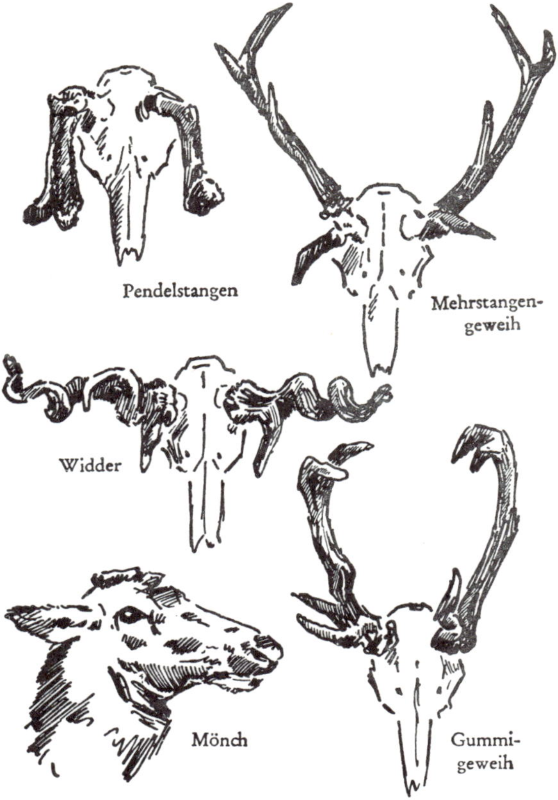

Abb. 12: Einige Beispiele für Geweihabnormitäten.

da diese Abnormität höchstwahrscheinlich erblich ist. Auf dem Kopf tragen die Mönche entweder nur kleine Stümpfe oder nicht einmal Rosenstöcke.

Geweihformen

Für die Altersgruppen der jungen, mittelalten, alten und überalterten Hirsche seien jetzt die Geweihformen und die wichtigsten Merkmale besprochen, die einen Anhalt für die weitere Geweihentwicklung geben. Für die Auswahl zum Abschuß bleibt jedoch stets eine genaue Kenntnis des jeweiligen Rotwildbestandes entscheidende Voraussetzung, die einen Vergleich des anzusprechenden Hirsches mit anderen des dortigen Rotwildgebietes in Masse, Stangenlänge, Vereckung, Kronenbildung, Auslage usw. gestattet. Etwa im Alter von sechs Jahren ist der Rothirsch körperlich voll ausgewachsen. Bis zum fünften Kopf einschließlich wollen wir ihn deshalb als jung bezeichnen. Während der Zeit seines körperlichen Wachstums kann er natürlich noch kein kapitales Geweih schieben, er soll aber deutlich seine guten Anlagen zeigen: die erwünschte Geweihform, eine seinem Alter entsprechende Stangenlänge, Endenfreudigkeit und spätestens vom fünften Kopf ab (in vielen Rotwildgebieten jedoch schon weit früher) Kronenbildung. Bei gut veranlagten Hirschen scheint die Hauptmasse in der oberen Stangenhälfte zu liegen, auch haben sie oben oft stumpfe oder gar faule (brandige) Enden, wogegen spitze, harte Enden in der Jugend oft ein Zeichen fehlender Wüchsigkeit sind. Liegt die Hauptmasse in der unteren Stangenhälfte, so muß man den Hirsch als schlecht veranlagt ansprechen.

Dreiecksregel

Eine sehr gute Faustregel zur Unterscheidung eines Zukunftshirsches von einem solchen, der sich weniger gut entwickeln wird, ist folgende: läßt sich bei seitlicher Ansicht um die Stange ein Dreieck legen, so fehlt dem Hirsch „die Kraft nach oben“, er hat keine Zukunft und ist abzuschießen. Läßt sich dagegen um die Stangen ein Viereck zeichnen, so liegt in der oberen Stangenhälfte viel Masse, was wiederum ein Hinweis für eine gute Weiterentwicklung ist. Hier handelt es sich also um einen Zukunftshirsch. Abb. 13 erklärt diese Regel an mehreren Beispielen.

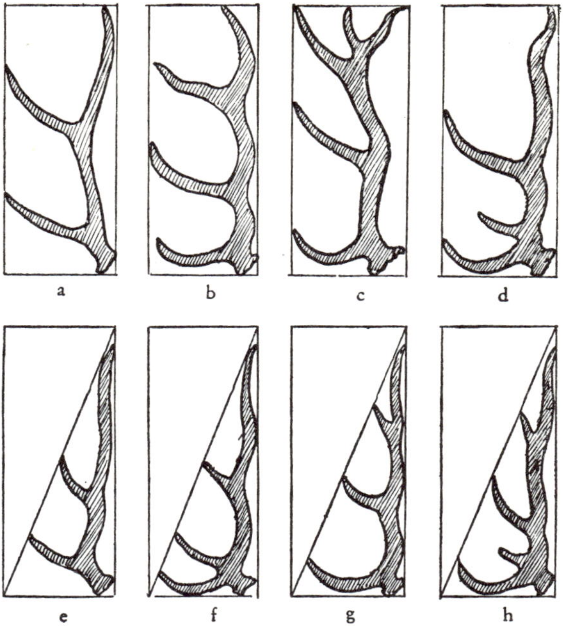

Abb. 13: Die „Dreiecksregel". Obere Reihe Zukunftshirsche, untere Reihe abschußnotwendige Hirsche. Nähere Erklärung im Text.

Vorreyer will diese Regel erst vom Achter ab anerkennen, andere Rotwildkenner lassen sie dagegen auch schon für den Sechser gelten. Tatsächlich lassen sich – wie Abb. 13 zeigt – viele Sechsergeweihe bereits in dies Schema einordnen. Ob es indes auf den Sechser immer und in allen Rotwildgebieten anwendbar ist, bleibe dahingestellt und muß örtlich geprüft werden. In vielen Rotwildgebieten trifft es nach den Erfahrungen des Verfassers auch für den Sechser schon zu. Auf jeden Fall handelt es sich bei dieser „Dreiecksregel" um ein sehr einfaches und trotzdem recht sicheres Rezept zur Beurteilung eines Hirsches auf seine weitere Geweihentwicklung hin. Insbesondere ermöglicht sie eine klare Trennung von Abschußachter („Sechser mit Dorn“ Abb. 13 g) und Zukunftsachter und verweist alle Hirsche, die bei langer Augsprosse die nötige Masse in der oberen Stangenhälfte vermissen lassen, in die Kategorie der Abschußhirsche.

Mittelalte Hirsche

Kommen wir nun zu den mittelalten Hirschen vom sechsten bis neunten oder zehnten Kopf. Sie sollen in Geweihform, Stangenlänge, Endenzahl, Endenlänge und Kronenbildung bereits den Idealtyp des jeweiligen Rotwildvorkommens verkörpern, nur daß ihnen noch die endgültige Masse fehlt. Bei einem ideal gegliederten Rotwildbestand soll in diesen Jahrgängen kein Abschuß stattfinden, bei richtiger Auslese in früheren Jahren ist jetzt auch ein Wahlabschuß nicht mehr nötig, sondern es sind in diese Altersgruppe nur gut veranlagte Hirsche hineingewachsen, die voll ausreifen sollen. Zeigt doch einmal ein Hirsch dieser Altersgruppe, im Vergleich mit anderen gleichalten, mehrere Jahre hintereinander deutlich, daß er die in ihn gesetzten Erwartungen nicht erfüllt, so ist er abzuschießen.

Alte Hirsche

Der alte (vollreife) Hirsch soll das in diesem Rotwildvorkommen zu erwartende Hegeziel verkörpern. Tut er es nicht, so soll er möglichst bald als Ib-Hirsch erlegt werden, andernfalls noch einige Jahre dem Bestand erhalten bleiben, bis die Gefahr des Zurücksetzens besteht. Wann ein Hirsch den Höhepunkt seiner Entwicklung erreicht hat und wann er — nach einem drei- bis fünfjährigen Verweilen auf dem Höhepunkt — zurückzusetzen beginnt, hängt einerseits davon ab, ob es sich um einen frühreifen oder spätreifen Rotwildschlag handelt, ist aber auch individuell etwas unterschiedlich. Im allgemeinen dürfen wir den

Höhepunkt zwischen dem zehnten und vierzehnten Kopf annehmen. Abb. 14 zeigt einen Kapitalhirsch.

Abb. 14: Kapitalhirsch.

Zurücksetzen

Sobald ein Hirsch merklich zurückzusetzen beginnt, muß er schnellstens zur Strecke gebracht werden, da man von nun an mit seinem natürlichen Tode oder aber doch für das nächste Jahr mit einem sehr starken Verlust an Geweihgewicht rechnen muß. Es ist deshalb wichtig, außer den bereits beschriebenen Körpermerkmalen des überalterten Hirsches auch die Geweihmerkmale zu kennen, die auf ein bereits begonnenes oder bevorstehendes Zurücksetzen hinweisen: den (keineswegs immer auftretenden) Altersknick (Abb. 15) sowie nach begonnenem Zurücksetzen Endenarmut und Kronenlosigkeit sowie Absinken der Hauptmasse des Geweihs in die untere Stangenhälfte.

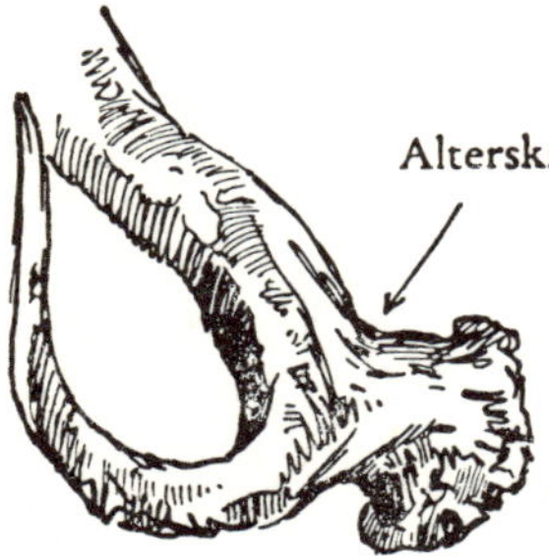

Abb. 15: Besonders deutlicher Altersknick.

Kahlwild

Beim Kahlwild ist kein Geweih als Ansprechmerkmal vorhanden. Hier müssen wir nach der Figur das Alter bestimmen und im Vergleich mit anderen Stücken, sowie gegebenenfalls nach dem geführten Kalb, über Abschuß oder Erhaltung urteilen. Solche Vergleiche sind durch gesellige Lebensweise des Rotwildes im Rudel viel leichter anzustellen als beim Rehwild. Insbesondere der junge oder der mit dem örtlichen Rotwildbestand noch nicht vertraute Jäger sollte keine Gelegenheit ungenutzt lassen, die einzelnen Stücke eines jeden ihm vorkommenden Rudels untereinander zu vergleichen, denn nichts fördert mehr den Blick für Figur, Stärke und feine individuelle Unterschiede. Hat man erst den richtigen Blick für den örtlichen Rotwildbestand, so wird es nicht mehr schwer fallen, Kälber, Schmaltiere und Alttiere zu unterscheiden und sich ein Urteil über ihre jeweilige Stärke zu bilden, selbst dann nicht, wenn sie nicht im Rudel stehen.

Schmaltiere

Die Merkmale der Kälber hatten wir bereits besprochen. Abb. 16 zeigt den üblichen Familienverband Alttier — Kalb — Schmaltier im Herbst. Das Schmaltier ist nicht nur in der Größe, sondern auch in der ganzen Figur und in der Kopfform der Übergang vom Wildkalb zum Alttier, wobei es alle Übergänge vom starken Kalb zum schwachen Alttier gibt. Schwierig ist das Ansprechen der „übergehenden Schmaltiere". Sie stehen ja im gleichen Alter wie die erstmalig führenden Alttiere, ohne indes selbst zu führen. Sie haben also bei sonst beginnenden Alttiermerkmalen noch nicht das am führenden Stück beim Blick von hinten zwischen den Keulen zu sehende Gesäuge (Spinne). Außerdem handelt es sich bei den übergehenden oder übergangenen Schmaltieren meist um die schwächsten Stücke ihrer Altersklasse, so daß es oft schwer ist, sie von starken einjährigen Schmaltieren zu unterscheiden.

Alttiere

Die Alttiere lassen sich altersmäßig nicht so deutlich einstufen wie die Hirsche. Das ist auch nicht nötig, denn es braucht bei ihnen ein Abschuß fast nur in den höchsten Altersklassen zu erfolgen. Hauptsächlich wird der Kahlwildabschuß in den Klassen der Kälber und Schmaltiere (einschließlich übergehender Schmaltiere) erfüllt. In den mittleren

Abb. 16: Von links nach rechts: Schmaltier — Alttier — Kalb im Winter.

Abb. 17: Überaltertes Alttier.

Jahrgängen braucht nur gelegentlich einmal ein krankes, ungewöhnlich spät setzendes oder besonders schwachen Nachwuchs führendes Alttier erlegt zu werden. Für den Wahlabschuß genügt es also, die jeweils ältesten Alttiere herauszufinden. An Altersmerkmalen — für die der Blick wiederum durch häufigen Vergleich im Rudel geschärft werden muß — sind zu nennen: schmaler, langer, trockener Kopf auf dünnem Hals bei großrahmigem, knochigem Körper, im sehr hohen Alter durchhängende Rückenlinie. Im Gegensatz zu Abb. 16 zeigt Abb. 17 ein sehr altes Alttier. Auffallend schwache Kälber führende Alttiere müssen mit ihrem Nachwuchs zusammen abgeschossen werden, jedoch grundsätzlich erst das Kalb, dann das Alttier!

Verfärben, Fegen, Abwerfen.

Außer den bisher beschriebenen, jederzeit sichtbaren Körpermerkmalen gibt es für das Ansprechen noch eine ganze Reihe weiterer Anhaltspunkte. Zunächst sei hier der Zeitpunkt des Verfärbens genannt. Sowohl im Frühjahr als auch im Herbst erfolgt es — wie bei allen anderen Schalenwildarten — um so eher, je jünger das betreffende Stück ist. Ausnahmen machen führende oder hochbeschlagene weibliche sowie kranke Stücke, die sämtlich besonders spät verfärben. Beim Fegen und Abwerfen der Hirsche und Rehböcke ist die Reihenfolge umgekehrt: je älter desto eher.

Verhalten

Derjenige, der mit seinem Wilde wirklich vertraut ist, wird auch aus dem Verhalten der einzelnen Stücke oft wichtige Aufschlüsse erhalten können. Das Kalb befindet sich immer beim Alttier, es sei denn, daß es seine Mutter verloren hat. Mutterlose Kälber suchen zwar Anschluß bei anderen Alttieren oder bei einem Rudel, werden jedoch meistens abgeschlagen. Einige Wochen nach dem Setzen gesellt sich meist auch das vorjährige Kalb (Schmaltier bzw. Schmalspießer) wieder zum Alttier. Jetzt kann es beim vertrauten Äsen gelegentlich einmal vorkommen, daß das Kalb näher beim Schmaltier als beim Alttier steht. Hier ist beim Abschuß also Vorsicht geboten. Dieser Familienverband — dem sich gelegentlich auch noch ein übergehendes Schmaltier oder ein zweijähriger Hirsch (Tochter bzw. Sohn des noch weiter zurückliegenden Jahres) lose anschließt — bleibt vom Sommer bis zum nächsten Frühjahr erhalten und schließt sich häufig vom Spätsommer bis zum Frühjahr mit anderen derartigen Familienverbänden zu Kahlwildrudeln sehr unterschiedlicher Größe (bis zu 50 und gelegentlich sogar noch mehr Stücken) zusammen.

Leittier eines Kahlwildrudels ist immer ein Alttier, fast immer ein führendes und wahrscheinlich auch älteres. Auf dem Wechsel zieht es stets voran und wird niemals von einem anderen Stück überholt. Als zweites Stück folgt ihm stets sein diesjähriges, dann sein vorjähriges Kalb, danach kommt ein zweites Alttier, dessen diesjähriges und vorjähriges Kalb usw. Unregelmäßigkeiten in dieser Reihenfolge entstehen natürlich dadurch, daß bereits ein Teil der diesjährigen und ein noch größerer Teil der vorjährigen Kälber abgeschossen worden ist, daß manche Alttiere in diesem Jahr erstmalig gesetzt haben, daß auch übergehende Schmaltiere und junge Hirsche gelegentlich im Kahlwildrudel stehen usw.

Nicht nur das Kahlwild, sondern auch die jungen und mittelalten Hirsche schließen sich zusammen. Alte Hirsche stehen meist nur in sehr kleinen Trupps oder oft auch völlig allein bzw. mit nur einem anderen Hirsch zusammen.

Die Zusammensetzung des Rotwildbestandes während der Brunft ist außerordentlich unterschiedlich. Sind reichlich alte Hirsche vorhanden, so stehen diese nur mit einem einzigen oder einigen wenigen Stücken Kahlwild zusammen. Bei ungünstigem Geschlechterverhältnis oder schlechter Altersklassengliederung, jedenfalls bei einem Mangel an alten Hirschen, bilden sich größere Brunftrudel, die von einem meist alten und starken „Platzhirsch" beherrscht und von einer mehr oder minder großen Zahl jüngerer „Beihirsche" belagert werden. Aus der Größe der Brunftrudel lassen sich also gewisse Rückschlüsse auf die innere Gliederung eines Rotwildbestandes und damit für die Verteilung des Abschusses auf die einzelnen Altersklassen ziehen.

Als grobe Regel gilt, daß ältere Stücke stets heimlicher und vorsichtiger sind als jüngere — außer beim Brunfthirsch, bei dem es sich nicht selten gerade umgekehrt verhält. Jüngere Stücke dagegen sind ihnen unbekannten Dingen gegenüber schreckhafter als ältere. Überhaupt erscheinen Bewegung und Auftreten älterer Stücke sehr viel ausgeglichener, ruhiger und selbstsicherer. Setzt sich ein Stück gegenüber einem anderen deutlich durch

— etwa ein Stück Kahlwild gegenüber einem anderen Stück Kahlwild an der Fütterung — so dürfte ersteres mit Sicherheit das ältere sein — ausgenommen natürlich, wenn ein Hirsch sein Geweih gegen ein Stück Kahlwild gebraucht.

Lautäußerungen

Als letztes Ansprechmerkmal seien noch die Lautäußerungen des Rotwildes aufgeführt. Ein verhältnismäßig leiser, während des ganzen Jahres zu vernehmender Laut ist das Mahnen der Alttiere, ein Warn- oder Lockruf für die Kälber. Ob er jeweils Warn- oder Lockbedeutung hat, kann von einem geübten Ohr unterschieden werden, muß aber durch häufige Beobachtung selber erlernt werden. Auch Kälber und Schmaltiere mahnen, wenn sie die Mutter suchen.

In sehr seltenen Fällen hört man Rotwild — meist Kälber — klagen: laut stöhnen, entweder bei großen Schmerzen oder in völliger Hilflosigkeit bei Annäherung von Mensch oder Hund.

In vielen Gegenden schreckt Rotwild praktisch nie, in anderen häufiger, doch überall weit seltener als das Rehwild. Der Schrecklaut hat Ähnlichkeit mit einem ganz kurz abgehackten Brunftschrei und ist wesentlich lauter als das Mahnen.

Die bekannteste Lautäußerung des Rotwildes ist der Brunftschrei des Hirsches, den man ganz vereinzelt auch noch Wochen oder gar Monate nach der Brunft hören kann — wenn nämlich ein verspätet brunftendes Tier im Revier steht. Sowohl aus der Tonhöhe des Brunftschreies als auch aus der ganzen Art, wie ein Hirsch schreit, wie er auf Schreie anderer Hirsche reagiert usw. kann man oft sehr wichtige Schlüsse auf den Hirsch sowie über seinen Einstand, seine Wechsel und seine ganzen derzeitigen Lebensgewohnheiten ziehen, so daß das Verhören der Hirsche während der Brunft ein sehr wichtiger Beitrag zum Ansprechen und Bestätigen ist. Leider lassen sich die Lautäußerungen nicht beschreiben: man muß sie möglichst oft hören, die Stimmen untereinander vergleichen und sich so mit der Zeit eine erhebliche Übung aneignen, wenn man aus den Lautäußerungen des Rotwildes einen Nutzen ziehen will. Dem Anfänger sei als Einführung eine der im Handel erhältlichen, diesbezüglichen Schallplatten empfohlen.

III. Das Ansprechen des Damwildes

Unterschiede zum Rotwild

Die auffälligsten Unterschiede des Damwildes gegenüber dem Rotwild sind die lebenslänglich beibehaltenen, im Sommerhaar stark, im Winterhaar nur schwach oder gar nicht sichtbaren weißen Flecke in der Decke sowie der lange, schwarzweiße, fast ständig in Bewegung befindliche Wedel auf dem schwarz eingerahmten weißen (beim Rotwild gelben) Spiegel. Hinzu kommen die weit geringere Körpergröße, die helle Bauchfärbung und noch eine ganze Reihe weiterer Unterschiede, vor allem in der Bewegung, die dem aufmerksamen Beobachter beide Wildarten bald unverwechselbar werden lassen. Es gibt im wesentlichen rotes und schwarzes Damwild, doch kommen alle Farbübergänge von Fahlgelb über Fuchsrot, Hell- und Dunkelbraun bis Schwarz (immer aber weißgefleckt) vor. Weit häufiger als bei anderen Wildarten treten auch reinweiße Stücke auf, die man stets möglichst bald abschießen sollte, insbesondere, da diese Weißfärbung erblich ist.

Hinsichtlich der Altersbestimmung nach Körperbau, Haltung, Bewegung und Verhalten gelten grundsätzlich die gleichen Merkmale wie beim Rotwild, doch sind folgende Abweichungen zu beachten. Etwa vom November ab läßt sich bei den Hirschkälbern bei genauem Hinsehen der Pinsel feststellen, wodurch von nun an Hirsch- und Wildkälber unterschieden werden können. Übergehende Schmaltiere gibt es beim Damwild nicht. Die Hirsche haben keinen Kragen (Mähne), wodurch beim alten Hirsch die Gewichtsverlagerung nach vorn nicht so deutlich in Erscheinung tritt. Die ganze Körper- und Geweihentwicklung geht beim Damwild etwas schneller als beim Rotwild, weshalb wir den Damhirsch vom vierten Kopf ab als mittelalt, vom achten Kopf ab als alt bezeichnen können. Das Höchstalter liegt dagegen beim Damwild mindestens genauso hoch wie beim Rotwild, wahrscheinlich sogar höher.

Kahlwild

Hinsichtlich des Kahlwildabschusses ist genauso zu verfahren wie beim Rotwild: den Abschuß in jeder Altersklasse bis zur festgelegten Zahl vom schwachen her erfüllen, d. h. die nach Vergleich mit anderen gleichalten Stücken desselben Bestandes jeweils schwächsten Stücke sowie Alttiere, die besonders schwachen Nachwuchs führen. Führende Alttiere selbstverständlich erst nach ihren Kälbern abschießen, von Zwillingskälbern, die in manchen Revieren sehr selten, in anderen häufig vorkommen, das schwächere.

Abb. 18: Damspießer vom ersten Kopf. Die beiden Spießer, oben links und oben rechts, dürften in fast allen Damwildgebieten abschußnotwendig sein.

Abb. 19: Gute Knieper vom zweiten Kopf — allerbeste Jugend!

Spießer

Auch bei den einjährigen Hirschen, den Damspießern, ist die Auswahl für den Abschuß weitgehend nach der Wildbretstärke zu treffen. Grundsätzlich sind auch die in manchen Revieren recht häufigen Knopfspießer zu erlegen. Welche Mindestlänge für die Spieße gefordert werden kann, muß nach den örtlichen Erfahrungen festgelegt werden. Abb. 18

zeigt zwei gut und zwei schlecht entwickelte Damspießer.

Knieper, Löffler

Der zweijährige Damhirsch (Knieper, Löffler) soll in seinen Stangen bereits deutliche, wenn auch erst sehr schmale Verbreiterungen zeigen (Abb. 19), ansonsten ist er abzuschießen, desgleichen alle zweijährigen Hirsche, die keine oder nur sehr kurze Augsprossen oder keine Mittelsprossen zeigen, die zu kurze oder ungleich lange Stangen haben oder die eine schlechte Auslage besitzen. Im einzelnen muß für jedes Damwildvorkommen nach den örtlichen Erfahrungen festgelegt werden, was als Abschußhirsch oder als Zukunftshirsch anzusprechen ist, da die Entwicklung der Damhirsche in den verschiedenen Gegenden sehr unterschiedlich ist. Besonders muß noch darauf hingewiesen werden, daß beim Damhirsch verhältnismäßig häufig Stangenbrüche vorkommen. Da diese sich auf die weitere Entwicklung nicht auswirken, sondern der Hirsch im nächsten Jahr wieder ein völlig normales Geweih aufsetzt, kann ein Damhirsch mit einer abgebrochenen Stange nur dann sicher als abschußnotwendig angesprochen werden, wenn ihn die verbliebene Stange als abschußnotwendig ausweist! In Abb. 20 werden einige typisch abschußnotwendige Damhirsche vom zweiten Kopf gezeigt. Desgleichen sind die — allerdings nur selten vorkommenden — Spießer vom zweiten Kopf immer abschußnotwendig.

Der Damhirsch vom dritten Kopf (meist ebenfalls noch Knieper) soll gleichmäßige, deutliche Schaufelansätze zeigen, ansonsten ist er als abschußnotwendig zu betrachten. Zu fordernde Stangenlänge, Stangenstärke und Breite der Schaufelansätze sind nach den örtlichen Erfahrungen festzulegen. In Abb. 21 werden drei gut und in Abb. 22 drei schlecht entwickelte Hirsche vom dritten Kopf gezeigt. Brandige Schaufel-

Abb. 20: Abschußnotwendige Damhirsche vom zweiten Kopf.

enden sind kein Abschußgrund, da sie — wie beim Rothirsch — oft auf eine gute Weiterentwicklung hinweisen.

Mit dem vierten und fünften Kopf soll der Damhirsch Halbschaufler sein, d. h. bereits deutliche, wenn auch

Halbschaufler

Abb. 21: Gut entwickelte Damhirsche vom dritten Kopf.

noch schwache Schaufeln tragen (Abb. 23), die bereits die endgültige Schaufelform erkennen lassen. Alle Hirsche, die jetzt die Entstehung unerwünschter Geweihformen — insbesondere tiefe Einschnitte (Stiefelknecht), zu hoch angesetzte oder ungleichmäßige Schaufeln, schlechte Auslage, fehlende oder verkümmerte Aug- und Mittelsprossen usw. — zeigen, sind unbedingt abzuschießen. Allerdings lassen sich grobe Fehler meist schon beim zweiten oder dritten Kopf erkennen und sind bereits in diesen Altersstufen abzuschießen, so daß beim vierten und fünften Kopf nach einem früheren sorgfältigen Wahlabschuß nur eine bereits Feinheiten (z. B. die sogenannte Krebsschere, Abb. 24) berücksichtigende Nachlese gehalten zu werden braucht. Bei einem

Abb. 22: Abschußnotwendige Damhirsche vom dritten Kopf.

ansonsten starken, jagdbaren Schaufler gilt die Krebsschere als typisches Merkmal für die Kategorie I b.

Vollschaufler

Mit dem sechsten und siebenten Kopf soll der Damhirsch bereits geringer Vollschaufler sein, d. h. in allen Punkten die endgültige Geweihform voll aus-

Abb. 23: Halbschaufler.

Abb. 24: Typischer Kopf des Damhirsches.
Geweih mit „Krebsschere".

Abb. 25: Vier Kapitalschaufler mit verschiedenen Schaufelformen.

gebildet haben, wenn dem Geweih auch noch die nötige Stärke fehlt. Wenn in diesen Altersklassen nicht unbedingt abschußnotwendige Stücke auftreten, darf hier kein Abschuß erfolgen, damit die bis in dieses Alter übergehaltenen, bei sorgfältiger Auslese in früheren Jahrgängen gut veranlagten und gut entwickelten Hirsche voll ausreifen können, um dann im Alter von mindestens 8 bis 10 Jahren als alte Schaufler gestreckt zu werden, zuerst natürlich diejenigen, die nicht voll dem örtlichen Hegeziel entsprechen.

In Abb. 25 werden vier Kapitalschaufler mit verschiedenen Schaufelformen gezeigt. Vermerkt sei noch, daß wohl — außer dem Schwarzwild — keine andere Schalenwildart auf eine sorgfältige Hege mit der Büchse so dankbar reagiert wie das Damwild in geeigneten Revieren. Wo man bei strengem Wahlabschuß in den Jugendklassen die bestveranlagten Hirsche voll ausreifen läßt, wird der Erfolg in Form einer genügenden Zahl starker Vollschaufler nicht ausbleiben.

Lautäußerungen

Die Lautäußerungen des Damwildes sind grundsätzlich die gleichen wie die des Rotwildes, doch hören sie sich völlig anders an, so daß die Laute beider Arten gut zu unterscheiden sind. Der Brunftschrei des Damhirsches ist nach unserer Auffassung, im Gegensatz zu dem des Rothirsches, ein sehr unschönes Geräusch.

Abb. 26: Kapitalschaufler mit Alttier, Kalb und Schmaltier.

IV. Das Ansprechen des Rehwildes

Während seiner ersten Lebensmonate trägt das Rehkitz eine Jugendfleckung (Abb. 27), die sich jedoch bald zu verwischen beginnt, um einer etwas dunkleren Färbung zu weichen, als sie erwachsene Rehe zeigen. Bis zum Winteranfang sind die Kitze an ihrer geringeren Wildbretstärke deutlich von älteren Stükken zu unterscheiden, danach an Figur und Kopfform (Abb. 28). Die schmale, schlanke, in der Länge jedoch etwas gedrungen wirkende Kitzfigur fällt sowohl von der Seite als auch spitz von vorn oder hinten auf. Im Winterhaar lassen sich Bock- und Rickenkitz an den gleichen Merkmalen unterscheiden wie erwachsene Stücke: an Pinsel bzw. Schürze, wenn ersterer beim Kitz oft allerdings auch noch schwächer ausgebildet ist als beim Bock. Die Schürze

Kitze

Abb. 27: Ricke mit wenige Tage altem Kitz.

Abb. 28: Rehwildsprung im Winter: starker Bock mit Ricke, Ricken- und Bockkitz.

ist beim Rickenkitz im Winterhaar in jedem Fall deutlich zu sehen. Beim gut entwickelten Bockkitz lassen sich etwa vom September an auf der Stirn Wölbungen feststellen, unter denen die Rosenstöcke zu wachsen beginnen, beim schlecht entwickelten Bockkitz manchmal Weihnachten noch nicht. Der Wahlabschuß unter den Kitzen hat, vor allem nach der Wildbretstärke, im Vergleich mit anderen Kitzen zu erfolgen, wobei allerdings zu beachten ist, daß wahrscheinlich beim Bockkitz die Jugendentwicklung etwas langsamer verläuft als beim Rickenkitz. Vorteilhaft für die Entwicklung des überlebenden Kitzes dürfte es sich auswirken, wenn von Zwillingskitzen möglichst frühzeitig eins fortgenommen wird. Während unter den Rickenkitzen eine sehr strenge Auslese zu treffen ist, brauchen von den Bockkitzen, außer besonders schwachen, nur diejenigen fortgenommen zu werden, deren Mütter abgeschossen werden müssen. Bei den anderen Bockkitzen kann man die Auswahl um ein Jahr verschieben, da sie unter den Jährlingsböcken leichter zu treffen ist — vorausgesetzt, daß dann auch tatsächlich eine genügend große Zahl von Jährlingen erlegt wird, da nur bei starkem Eingriff in die beiden jüngsten Altersklassen eine genügende Anzahl von Böcken das wünschenswerte Reifealter erreichen kann, ohne daß es zu einer für das Rehwild selber schädlichen Erhöhung der Wilddichte kommt.

Körpermerkmale der Böcke

Bevor wir uns der Gehörnentwicklung zuwenden, sei die Altersbestimmung des lebenden Bockes besprochen. Dabei sollen folgende Altersgruppen unterschieden werden: Jährlinge, junge oder mittelalte Böcke (zwei- und dreijährig), alte oder reife Böcke (vier- bis siebenjährig) und überalterte Böcke (über sieben Jahre alt).

Der Jährling läßt sich als „Schmalreh mit Gehörn" gut charakterisieren: schmale, schlanke, wenn auch oft kurze Figur, schmaler, kindlicher Kopf, dünner, hoch aufgereckt getragener Hals.

Der junge oder mittelalte Bock weist sehr große Unterschiede im Typ auf, da es hier fast alle Übergänge vom starken Jährling zum alten Bock geben kann. Vom Jährling unterscheidet er sich durch das ausgeprägte Bockaussehen, einen stärkeren Hals und oft durch die Gesichtsfärbung, die gesondert besprochen wird.

Der alte oder reife Bock zeigt einen kräftigen Rumpf mit tiefer, breiter Brust, einen starken, kurzen Hals, der im Ziehen waagerecht getragen wird, und breiten, dadurch kurz erscheinenden Kopf.

Der überalterte Bock zeigt teils die gleiche Figur wie ein reifer Bock, entwickelt sich aber möglicherweise

Abb. 29: Von oben nach unten:
Jährling, junger Bock, reifer Bock.

gelegentlich wieder in Richtung der Jugendform. Bei den nicht selten erlegten überalterten Böcken mit jugendlicher Figur kann es sich aber durchaus auch um ewig mittelmäßige Böcke handeln, die niemals ihre jugendliche Figur verloren haben und deshalb als gut veranlagte Jungböcke geschont wurden.

Die typischen Figuren des Jährlings, des jungen und des alten Bockes werden in Abb. 29 gezeigt. Wie bereits angedeutet, ist die Figur allein aber keineswegs immer ein sicherer Hinweis auf das Alter. Man hat sich deshalb vielfach bemüht, noch andere Merkmale für die Altersbestimmung heranzuziehen. Eins, das hier zunächst behandelt werden soll, ist die Gesichtsfärbung des Bockes im Sommerhaar.

Gesichtsfärbung

Der Jährling hat meist ein einfarbiges Gesicht, häufig in Körperfarbe, oft aber auch dunkler, vor allem mit einer dunklen Maske auf der Stirn, die fast bis zur Muffel herunterläuft. Eine Weißfärbung ist im Gesicht entweder überhaupt noch nicht vorhanden oder nur ein schmaler weißer Ring über der Muffel. Beim zwei- und dreijährigen Bock ist in der Regel ein scharf abgegrenzter weißer Nasenfleck (oft fälschlich Muffelfleck genannt) vorhanden, der mit weiter zunehmendem Alter größer wird, sich dabei in seinen Konturen verwischt und in der Farbe nach Grau überwechselt, um schließlich beim sehr alten Bock zu einer mehr oder minder weitgehenden Graufärbung des Kopfes zu führen. Die dunkle Stirnlocke ist beim jungen Bock noch scharf ausgeprägt und abgegrenzt, so daß vor allem der zweijährige, aber auch der dreijährige Bock ein deutlich schwarz-weiß-rotes Haupt hat. Beim alten Bock wird auch die Stirnlocke immer heller und ihre Abgrenzung unschärfer, so daß sich alle Farbunterschiede mehr und mehr verwischen. In Abb. 30 wird diese Entwicklung für die vier Altersgruppen gezeigt.

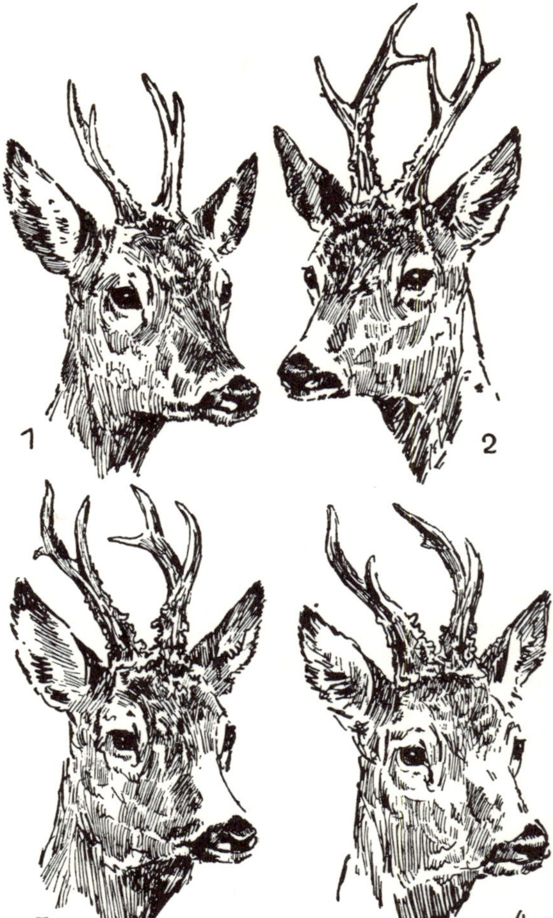

Abb. 30: Die Gesichtsfärbung beim Jährling (1), beim jungen (2), reifen (3) und überalterten (4) Bock. Nicht unbedingt zuverlässig — siehe Text!

Leider ist auch die Gesichtsfärbung nicht immer und überall zuverlässig. Während in manchen Revieren diese Methode sehr sicher ist, treten in anderen Revieren teilweise so große Abweichungen auf, daß hier die Gesichtsfärbung als Altersmerkmal völlig unbrauchbar ist.

Dieses Merkmal ist also von Gegend zu Gegend auf seine Zuverlässigkeit zu prüfen, bevor es zur Altersbestimmung herangezogen wird. Die Körperfarbe ist individuell bedingt und hat nichts mit dem Alter zu tun. Schwarzes Rehwild ist völlig einfarbig und weist keinerlei Zeichnung auf.

Verfärben, Fegen, Abwerfen.

Ziemlich sicher ist die Altersbestimmung nach der Reihenfolge im Verfärben, Fegen und Abwerfen. Hier gilt, wie auch bei den anderen Schalenwildarten, daß ein Stück um so eher verfärbt und um so später fegt und abwirft, je jünger es ist. Im Frühjahr verfärbt beispielsweise der Jährlingsbock oft vor dem Fegen, während der alte Bock bereits fertig gefegt hat, wenn er noch völlig grau ist. Ausnahmen von dieser Regel machen führende und hochbeschlagene weibliche sowie kranke oder stark parasitierte Stücke, die später verfärben als ihre gleichalten Artgenossen.

Gehörnmerkmale

Am wenigsten zuverlässig für die Feststellung des Alters am lebenden Bock ist das Gehörn. Außer den oft sehr typischen Jugendformen des Jährlingsgehörns gibt es hier kein einziges sicheres Merkmal — trotz oft gegenteiliger Behauptung älterer Jäger! Besonders starke oder Dachrosen, starke oder geringe Perlung usw. sind ausschließlich individuell bedingt und kommen sowohl beim zweijährigen als auch beim achtjährigen Bock vor. Auch die Endenzahl gibt keine Hinweise, da die diesbezügliche Endstufe — der Sechser — in Ausnahmefällen sogar vom Jährling schon erreicht werden kann, vom gut veranlagten zweijährigen Bock erreicht werden muß. Auch

Stangenform, Stangenstellung, Stangenlänge und Stangenfärbung, ja, selbst die Stangenstärke geben, außer für den Jährling, keinerlei Anhaltspunkte. Wenn überhaupt, so kann man höchstens aus der Gewichtsverteilung auf die obere oder untere Stangenhälfte (vgl. Rothirsch!) schließen, ob es sich um einen jüngeren oder älteren Bock handelt. Absolut zuverlässig ist auch dieses Merkmal nicht, doch kann es immerhin gewisse Hinweise für den Wahlabschuß geben. Für die Altersbestimmung des lebenden Bockes sind immer möglichst viele Merkmale zu berücksichtigen und dann nach der Summe aller zu urteilen. Die verläßlichsten Hinweise auf das Alter sind aus dem Verhalten der Böcke zu ziehen. Voraussetzung für seine richtige Auswertung ist allerdings eine sehr gründliche Kenntnis des jeweiligen Rehwildbestandes.

Verhalten

Im Gegensatz zum Rot- und Damhirsch lebt der Rehbock einsiedlerisch oder mit einem weiblichen Artgenossen zusammen, niemals jedoch mit einem anderen Bock. Nur über Winter schließen sich gelegentlich einmal mehrere, meist junge Böcke einem größeren Sprung Rehwild an. Ab Mitte oder Ende März — also noch vor dem Fegen — nimmt jeder Rehbock ein eigenes Territorium in Besitz, das er durch Duftmarkierung, Plätzen und gelegentlich Schrecken sowie nach dem Fegen auch durch Schlagen gegenüber allen anderen Böcken abgrenzt und energisch verteidigt. Von dieser Zeit an bis kurz vor dem Abwerfen hält jeder Bock sein eigenes Territorium. Eine gewisse Ausnahme machen nur die Jährlingsböcke, bei denen man zwar auch schon Markierungshandlungen beobachten kann, die aber tatsächlich noch kein eigenes Territorium besitzen, sondern von den älteren Böcken in deren Territorium geduldet werden, im übrigen aber — vor allem während der Blattzeit — stark umhervagabundieren.

Die Größe dieser Territorien ist sehr verschieden. Sie hängt im wesentlichen von der Wilddichte ab — genauer gesagt von der Siedlungsdichte der zweijährigen und älteren Böcke — und schwankt von weniger als 10 bis etwa 100 ha (Hektar). Bei hoher Wilddichte kommen auch Territoriumsüberschneidungen vor, d. h. daß ein Geländestück zu zwei verschiedenen Bockterritorien gehört. Bis zum Beginn der Blattzeit, also bis Ende Juli, halten die Böcke meist sehr genau ihre eigenen Grenzen ein. Während der Blattzeit suchen sie aber häufig auch die Nachbargebiete ab. Insbesondere dort, wo gerade ein brunftiges weibliches Stück steht, halten sich oft mehrere ältere Böcke auf.

Bockeinstand

Unter den Rehböcken besteht eine deutliche Rangordnung, die eine einwandfreie Altersrangordnung ist, d. h. je älter ein Bock, desto ranghöher ist er. Diese Rangordnung spielt im gesamten Territoriumsverhalten eine sehr große Rolle. Beispielsweise kann man immer wieder beobachten, daß ganz bestimmte, für einen Rehbock besonders wertvolle Einstände regelmäßig von alten Böcken in Besitz genommen werden. Solange in der näheren Umgebung alte Böcke vorhanden sind, wird hier niemals ein junger Bock stehen, es sei denn ein Jährling, der vom Territoriumsinhaber geduldet wird. Diese, vielen erfahrenen Rehwildjägern bekannte Tatsache erklärt sich daraus, daß sich die ranghohen, also die alten Böcke dort ihre Einstände suchen, wo es ihnen am besten gefällt, die jüngeren Böcke aber mit den Einständen vorlieb nehmen müssen, die übrig bleiben.

Rangordnung

Hat man ein Revier und das in ihm stehende Rehwild seit einigen Jahren beobachtet, so kann man also manchmal schon aus dem Einstand auf das relative Alter eines Bockes im Verhältnis zu den anderen Böcken dieses Revierteiles schließen. Weitere Hinweise gibt das Verhalten des Bockes gegenüber anderen, mindestens zweijährigen Böcken sowie das Verhalten an den Territoriumsgrenzen. Immer wird sich nämlich der ältere gegenüber dem jüngeren Bock durchsetzen, wobei es zu tatsächlichen Kämpfen wohl nur zwischen etwa gleichalten Böcken kommen dürfte, da ein wesentlich jüngerer Bock dem älteren kampflos weicht. Ob und wieweit diese Regel auch auf kranke und überalterte Böcke zutrifft, steht noch nicht fest.

Territoriumsgrenzen

Muß ein Bock sein Territorium bei zu hoher Wilddichte auf ein fremdes Territorium ausdehnen, so wird ihm das nur bei jüngeren Böcken gelingen. Ein gleichrangiger Bock wird sich gegen solche Grenzverletzungen wehren, und dann kommt es an der Grenze zu heftigen Auseinandersetzungen: zu besonders heftigem Schlagen und oft auch zu ernstlichen Kämpfen. Aus dem Verhalten eines Bockes an den genau festliegenden Grenzen seines Terri-

Abb. 31: So entwickelt sich der Territoriumskampf an der Grenze zweier gleichalter Böcke.

toriums lassen sich also Schlüsse auf den Nachbarbock ziehen: zeigt er Angst vor dem älteren Nachbarbock, zeigt er selbstbewußtes, sicheres Auftreten gegenüber dem jüngeren Nachbarbock oder wird hier von zwei gleichrangigen Böcken, nach manchmal heftigen Kämpfen, eine genau festliegende Grenze respektiert und geht einer dem anderen aus dem Wege? An den Schlag- und Plätzstellen kann man auch ohne die Anwesenheit der Böcke die Grenzen der Territorien streckenweise erkennen oder die Aktivität des Territoriumsinhabers feststellen.

Aus der Größe und Überschneidung der Territorien läßt sich die Siedlungsdichte der zweijährigen und älteren Böcke ersehen, aus der Zahl der außer den Territoriumsinhabern vorhandenen Jährlinge im Vergleich zu den anderen Böcken die Altersklassengliederung.

Am besten lassen sich all diese Dinge in der Zeit von Mitte oder Ende März bis Mitte oder Ende Mai, gelegentlich bis Mitte Juni, feststellen. Diese Zeit sollte deshalb jeder Revierinhaber nutzen, um sein Rehwild genau kennenzulernen. Jetzt lassen sich die Zahl der vorhandenen Böcke und ihre Einstände feststellen; aus ihrem Verhalten an den Grenzen läßt sich auf das Vorhandensein und Alter anderer Böcke schließen, die man durch Ansitz an den Grenzen ebenfalls zu Gesicht bekommt. Die meisten Böcke — mit Ausnahme der Jährlinge und kranker Böcke — haben Mitte Mai auch schon fertig gefegt, so daß man jetzt ihr Gehörn genau ansprechen kann. Und schließlich ist im Frühjahr bei dem guten Licht und der noch knappen Deckung die beste Gelegenheit des ganzen Jahres, alle Böcke nach allen Merkmalen genau anzusprechen: nach Körperbau, Verfärben, Fegen, Verhalten und Gehörn. Nur jetzt lassen sich die Böcke mit ausreichender Sicherheit zählen und eine genaue Wildbestandsaufnahme durchführen. Diese Frühlingswochen sind deshalb für den Rehwildjäger die wichtigsten des ganzen Jahres, und er kann nicht oft genug im Revier sein, um bei ruhigem Ansitz sein Rehwild zu beobachten. Wer erst vom 16. Mai ab häufiger ins Revier geht, wird das Rehwild niemals richtig kennenlernen — und sollte er tausend Böcke schießen!

Während der als Blattzeit bekannten zweiten Hälfte der Brunft sucht der Bock — falls in seinem eigenen Territorium kein brunftiges weibliches Stück steht — auch die Umgebung seines Territoriums ab, kehrt aber — solange er kein brunftiges Stück gefunden hat — nach Möglichkeit mindestens einmal täglich in sein eigenes Reich zurück, um dessen Grenzen zu markieren. Bewerben sich mehrere Böcke um ein weibliches Stück, so fällt es stets dem ältesten zu, ohne Rücksicht darauf, ob er hier Territoriumseigner ist oder nicht. Besteht keine Gefahr, daß ihm das brunftige Stück von einem anderen Bock fortgenommen wird, und ist sein eigenes Territorium in der Nähe, so kehrt er gelegentlich für kurze Zeit in letzteres zurück, um es schnell zu markieren, dann aber wieder zu dem brunftigen Stück zu wechseln. Besteht Gefahr durch andere Böcke, so bleibt er bei dem weiblichen Stück, solange dieses brunftig ist. Dadurch besucht er dann manchmal sein eigenes Territorium mehrere Tage lang nicht. Der Brunftplatz wird von der Ricke bestimmt. Daß der Bock ein woanders gefundenes brunftiges Stück in sein eigenes Territorium treibt, kommt nicht vor. Dadurch, daß sich oft mehrere Böcke um ein brunftiges Stück bewerben, treten während der Blattzeit an manchen Stellen mehrere Böcke gleichzeitig auf, während in anderen Gegenden — in denen zur Zeit kein Stück brunftig ist — außer Jährlingen überhaupt keine Böcke stehen.

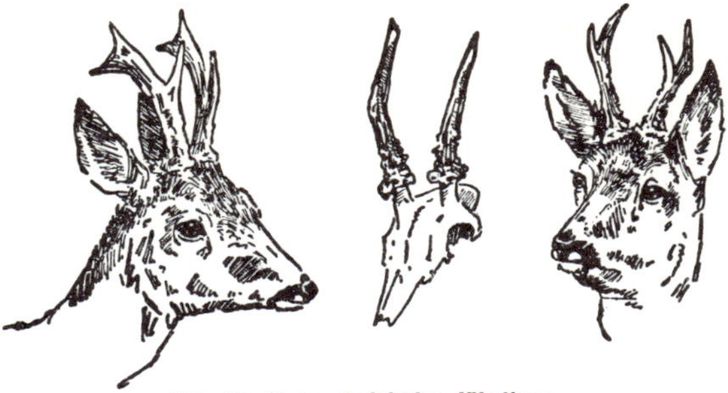

Abb. 32: Gut entwickelte Jährlinge.

Nach der Blattzeit werden meist die alten, gelegentlich aber auch neue Territorien eingenommen. Doch beginnt jetzt das Territoriumsverhalten langsam abzuklingen, um im Oktober ganz zu verlöschen.

Jährlinge

Unter den Jährlingen ist die Auswahl für den Abschuß noch weitgehend nach der allgemeinen körperlichen Entwicklung im Vergleich mit anderen gleichalten Stücken desselben Bestandes zu treffen. Aber auch die Gehörnentwicklung muß berücksichtigt werden. Immer abzuschießen sind ein- oder doppelseitige Knopfböcke, darüber hinaus die

Abb. 33: Solche Jährlinge sind abzuschießen — aus ihnen werden nur die ewigen Abschußböcke!

schwächsten Jährlinge bis zur festgelegten Abschußzahl dieser Klasse. Welche Leistung vom Jährling zu fordern ist, muß örtlich festgelegt werden. Dabei ist hinsichtlich des Gehörns nur auf Stangenlänge zu achten. Verschieden lange oder schiefe Stangen, nach innen gerichtete Rosenstöcke, usw. sind bei genügender Gesamtlänge oder -masse kein Abschußgrund. Auch ein verspätetes Fegen — selbst im Juli noch — ist kein Abschußgrund, wenn die Leistung an sich befriedigend ist. Gerade besonders gut veranlagte Jährlinge fegen häufig erst sehr spät. Das darf aber nicht bedeuten, daß mangels abschußnotwendiger Jährlinge zu wenige Stücke in dieser Klasse geschossen werden: immer ist die Zahl zu erfüllen, auch wenn dafür gut veranlagte und entwickelte Jährlinge gestreckt werden müssen. Selbstverständlich aber immer die jeweils Schwächsten zuerst! Allgemein sollte man mindestens lauscherhohe Spieße fordern: dann wird auch der Anteil der „ewig mittelmäßigen Böcke" geringer werden. In Abb. 32 werden drei gut und in Abb. 33 drei schlecht entwickelte Jährlinge gezeigt.

Knopfböcke

Der Abschuß von Knopfböcken soll nach Möglichkeit bis Ende August oder spätestens bis Anfang September erledigt sein, da später die gut entwickelten Bockkitze schon deutliche Knöpfe zeigen, wodurch sich immer wieder Verwechslungen ergeben, denen die bestentwickelten Bockkitze zum Opfer fallen. Abb. 34 zeigt die Schädel eines im Oktober erlegten Bockkitzes und dreier einjähriger Knopfböcke. Zu erwähnen ist, daß in ganz seltenen Fällen „Knopfböcke" auftreten, die nicht einmal Rosenstöcke entwickelt haben. Sie an der fehlenden (im Sommerkleid aber auch bei weiblichen Stücken meist schwer zu erkennenden) Schürze oder an dem meist nur schwach ausgebildeten Kurzwildbret zu erkennen, ist häufig sehr schwierig. Andererseits kommen Rik-

Abb. 34: Dies sind die Schädel eines Bockkitzes und dreier zurückgebliebener Jährlingsböcke, die jetzt auf der Kitzgehörnstufe stehen: immer vordringlich abschußnotwendig!

Abb. 35: Dieser Bock ist drei Jahre alt und hätte spätestens als Jährling erlegt werden müssen!

ken vor, die auf dem Kopf deutlich Wulste oder sogar Knöpfe, in sehr seltenen Fällen richtige Stangen tragen.

In Abb. 35 wird der Schädel eines dreijährigen Bockes mit zwei nur 4 cm hohen Korkenzieherstangen gezeigt, der in dem Erlegungsjagdkreis als Knopfbock (Klasse II c) bewertet und nicht auf den Abschußplan angerechnet wurde — eine durchaus richtige und sehr zu begrüßende Maßnahme.

Der junge Bock

Der gut veranlagte und entwickelte zweijährige Bock soll ein deutlich die Lauscher überragendes, gut verecktes Sechsergehörn mit guter Auslage zeigen, doch wird in vielen Revieren auch ein Gabelgehörn angemessen sein, wenn es die nötige — örtliche und jährlich durch Vergleich festzulegende — Stangenlänge, Stangenstärke und Auslage zeigt und durch oben liegende Masse, Verdickungsleisten oder angedeutete Sechservereckung auf weitere gute Entwicklungsmöglichkeiten seines Trägers hinweist. In Ausnahmefällen können zweijährige Böcke schon Spitzenleistungen vollbringen.

Abb. 36: Verschiedene „Widdergehörne".

Der dreijährige Bock hat manchmal schon seine Höchstleistung erreicht, ansonsten soll er ihr nahe sein.

Unerwünschte Gehörnformen

In der Altersgruppe der zwei- und dreijährigen Böcke soll nur ein sehr geringer Abschuß stattfinden. Während, zwecks Erhaltung der Altersgliederung, etwa 50 bis 70 % (je nach Höhe des Zuwachses: um so

Abb. 37: Abnorme Gehörne . . .

mehr, je höher der Zuwachs) des Gesamtabschusses an männlichem Wild in den Klassen der Bockkitze und Jährlingsböcke zu erfüllen sind, soll der Anteil der zwei- und dreijährigen Böcke am Gesamtabschuß männlichen Wildes nur etwa 5 bis 10 % ausmachen. Bei diesem geringen Abschuß kann man sich oftmals auf ausgesprochen abnorme Böcke beschränken, zu

Abb. 38: . . . und unerwünschte Gehörnformen gehen teilweise ineinander über.

denen allerdings nicht solche zu rechnen sind, die Stangenbrüche oder Bastverletzungen haben, da diese auf die weitere Entwicklung ohne Einfluß sind. Kommen keine abnormen Böcke in dieser Altersgruppe vor, so sind solche mit unerwünschten Gehörnformen zu erlegen, insbesondere alle mindestens zweijährigen Spießer, Böcke mit zu enggestellten Stangen u. ä. In Abb. 36 werden drei „Widdergehörne" gezeigt, die zusammen mit den „Korkenziehern" und den Knopfböcken als „Weiser" für eine zu hohe Wilddichte zu bewerten sind. Abb. 37 zeigt vier weitere Gehörnabnormitäten und Abb. 38 fünf unerwünschte Gehörnformen. Alle drei Tafeln ließen sich durch unzählige weitere Beispiele erweitern, wovon sich jeder auf den Trophäenschauen und in größeren Gehörnsammlungen überzeugen kann.

Der reife Bock

Der vierjährige Bock hat die Höhe seiner Kraft erreicht. Was jetzt in guten Gehörnjahren nicht dem Hegeziel entspricht oder ihm nahekommt, ist abzuschießen. Was dem Hegeziel entspricht oder nahekommt, sollte möglichst noch ein bis drei Jahre geschont und auch dann erst nach der Blattzeit erlegt werden. Was in der jeweiligen Gegend als Hegeziel zu betrachten ist, muß die örtliche Erfahrung lehren. Die Beurteilung als reifer Bock für den Ernteabschuß darf niemals nach dem Gehörn, sondern nur nach den sonstigen Merkmalen erfolgen, damit nicht versehentlich besonders gute Zukunftsböcke zu früh aus der Wildbahn herausgenommen werden. Abb. 39 zeigt vier europäische Spitzengehörne.

Der alte Bock

In der Regel beginnt der alte Bock mit etwa acht Jahren zurückzusetzen. Zuerst lassen Stangenlänge und Vereckung nach, wogegen die Masse manchmal noch etwas zunimmt und jetzt vor allem in der unteren Stangenhälfte liegt. Dann folgt aber ein sprunghaftes Abnehmen der Gehörnstärke, und der völlig überalterte Bock hat oft nur noch kurze Stummel auf dem Kopf.

Nicht selten kommt auch ein „vorübergehendes Zurücksetzen" vor, das verschiedene Ursachen haben kann. Liegt letztere in einer schweren Verletzung, einer Krankheit oder einer starken Parasitierung, so ist ein Abschuß trotz der guten Veranlagung des Bockes richtig. Häufig tritt ein solches vorübergehendes Zurücksetzen nach besonders ungünstigen Wintern auf, nach denen wir örtlich ganz allgemein eine schlechte Gehörnentwicklung feststellen können, während in anderen Jahren die Gehörnbildung besonders gut ist.

Bevor mit dem Bockabschuß begonnen wird, muß also im Vergleich mit früheren Jahren festgestellt werden, ob ein durchschnittliches, ein besonders gutes oder ein besonders schlechtes Gehörnjahr ist. In guten Gehörnjahren ist grundsätzlich jeder Bock abzuschießen, der nicht eine seinem Alter gemäße Gehörnentwicklung zeigt; in besonders schlechten Gehörnjahren ist dagegen Vorsicht am Platze, denn jetzt wird nur allzu leicht ein reifer Bock, der bei günstigem Winterverlauf vielleicht ein einwandfreier I a-Bock wäre, als II b-Bock erlegt. Allerdings darf so nur bei den mindestens zweijährigen Böcken verfahren werden. Unter den Bockkitzen und Jährlingsböcken, sowie beim gesamten weiblichen Rehwild, ist in jedem Jahr der zahlenmäßig festgelegte Abschuß — mit dem jeweils Schwächsten beginnend — voll zu erfüllen.

Rickenabschuß

Manche Jäger glauben, ihrer Hegepflicht Genüge getan zu haben, wenn sie einen möglichst sorgfältigen Bockabschuß durchgeführt haben. Dabei ist der sogenannte Rickenabschuß, also der Abschuß der Ricken, der Schmalrehe und der Kitze beiderlei Geschlecht, das A und O der gesamten Rehwildhege.

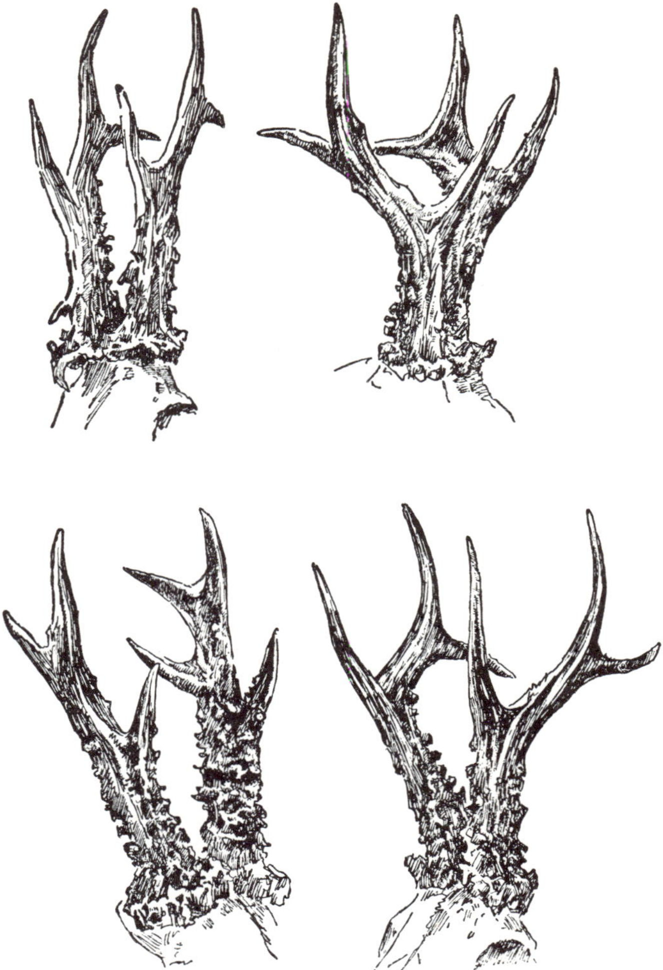

Abb. 39: Der Lohn der Hege.

Das wichtigste ist auch hier die Erfüllung der Abschußzahl sowohl insgesamt als auch in den einzelnen Altersklassen, damit Wilddichte, Geschlechterverhältnis und Altersklassengliederung richtig reguliert werden.

Das Ansprechen und der Abschuß der Kitze ist bereits besprochen worden. Das Schmalreh macht seinem Namen alle Ehre: ein schmales Reh. Trotzdem ist es im Winterhaar, ohne Vergleichsmöglichkeit mit einer Ricke, oft schwer anzusprechen. Der Schmalrehabschuß läßt sich deshalb am sichersten in der Zeit des Verfärbens durchführen, zumal er ohnehin im Vergleich zu dem Abschuß der Ricken und vor allem der Kitze nicht hoch ist — oder zumindest nicht hoch sein soll. Im übrigen schließt sich das Schmalreh — wie auch das Rotschmaltier — im Herbst oftmals seiner Mutter wieder an und ist dann meist von der Ricke zu unterscheiden. Vielfach stehen die Schmalrehe und nichtführenden Ricken auch mit einem Bock zusammen.

Ob es sich um ein Schmalreh oder eine nichtführende Ricke handelt, läßt sich am sichersten in der Zeit des herbstlichen Verfärbens beurteilen. Schwache oder sehr alte nichtführende Ricken müssen selbstverständlich abgeschossen werden, starke nichtführende Ricken nur dann, wenn es sich aufgrund mehrjähriger Beobachtung einwandfrei um Geltricken handelt. Diese sind aber außerordentlich selten. Die weitaus meisten im Herbst nicht führenden Ricken haben ihr Kitz verloren, können durch das Nichtsäugen viel Körperkräfte sammeln und setzen oftmals im kommenden Jahr besonders starke Kitze. Solche Ricken abzuschießen, wäre also ein Fehler. Im übrigen ist zu bedenken, daß sich im Herbst die Kitze manchmal schon für ein oder gar zwei Stunden von der Mutter entfernen. Bei einer einzeln austre-

Abb. 40: Überalterte Ricke mit schwachem Einzelkitz und Schmalreh. Die beiden linken Stücke sollten möglichst schnell der Kugel verfallen.

tenden Ricke ist also keineswegs gesagt, daß sie nicht führt.

Ricken auf ihr Alter hin zu beurteilen, ist außerordentlich schwer. Mit einiger Sicherheit kann man nur die stark überalterte Ricke ansprechen, die für den Kenner ein „rottierähnliches" Ausehen annimmt. Der Abschuß unter den Ricken ist deshalb in allererster Linie nach der Stärke der von ihnen geführten Kitze, im Vergleich mit den Kitzen anderer Ricken, durchzuführen: an ihren Früchten sollt ihr sie erkennen! Damit führt man nicht nur eine Auslese bezüglich der Veranlagung durch, sondern zugleich einen Altersabschuß, da auch die alte Ricke zurücksetzt, nur nicht im Gehörn, sondern in der Stärke ihrer Kitze. Selbstverständlich sind immer die Kitze v o r ihren Müttern abzuschießen — niemals umgekehrt. Der Abschuß einer Ricke von ihren Kitzen weg ist und bleibt Muttermord! Sollte es doch versehentlich einmal passieren — und welcher Jäger wäre unfehlbar? —, so muß man unbedingt versuchen, die Kitze nachträglich zu erlegen, da sie durch die fehlende Führung (bis weit in den Winter hinein auch noch durch den plötzlichen Entzug der Muttermilch) unweigerlich eine erhebliche Störung der Jugendentwicklung erfahren, die zeitlebens nicht wieder voll ausgeglichen wird — wenn die Kitze den Winter überhaupt überstehen.

Die Lautäußerungen des Rehwildes brauchen hier nicht behandelt zu werden, da sie für das Ansprechen praktisch wertlos sind — es sei denn, daß man ein bestimmtes Stück an seinem Schrecklaut zweifelsfrei wiedererkennen kann, was aber nur außerordentlich selten möglich ist. Es muß hier nur der weitverbreiteten Meinung entgegengetreten werden, daß sich Geschlecht und Alter nach der Tonhöhe des Schrecklautes bestimmen lassen.

V. Das Ansprechen des Gamswildes

Besonderheiten des Gamswildes

Das Ansprechen des Gamswildes ist in mancher Hinsicht leichter, in mancher Hinsicht schwieriger als das der Geweihträger Rot-, Dam- und Rehwild. Leichter, weil die Hornträger Gams- und Muffelwild nicht abwerfen, sondern ihr Kopfschmuck zeitlebens weiterwächst, sich dadurch kontinuierlicher entwickelt als ein Geweih und sich so beim jungen Stück mit viel größerer Sicherheit die zukünftige Entwicklung

Abb. 41: Gamsgeiß mit ganz jungem Kitz.

Abb. 42: Geiß und Kitz im Winter. Jetzt sind auch bei den Kitzen schon schwache Krucken vorhanden.

beurteilen läßt; außerdem deswegen leichter, weil das Gamswild ein ausgesprochenes Tagtier ist. Schwieriger, weil beim Gamswild beide Geschlechter Krucken (Krickel) tragen und diese, wegen ihres einfachen Aufbaues, bei weitem nicht so große Unterschiede aufweisen können wie Geweihe. Beginnen wir wiederum mit der Unterscheidung der Geschlechter und der Altersklassen.

Kitze

Die Gamskitze besitzen keine Jugendfleckung, sind aber im Sommerhaar deutlich dunklergefärbt als die älteren Stücke, deren Sommerfärbung fahlgelb ist, individuell jedoch stark variiert und oft eine Braun- oder Rotstichigkeit zeigt. Der im Sommerhaar deutlich sichtbare dunkle Aalstrich oder Aalstreif ist auch bei den Kitzen vorhanden. Im übrigen sind die Kitze durch ihre geringere Körpergröße, durch den „kindlichen“ Gesichtsausdruck und die erst schwachen Krucken auch in dem dunkelbraunen oder dunkelgrauen — im Schnee oft schwarz wirkenden — Winterhaar deutlich zu erkennen. Nach Geschlechtern lassen sich die Kitze praktisch nicht unterscheiden. Abb. 41 zeigt eine Geiß mit ganz jungem Kitz im Sommer, Abb. 42 Geiß und Kitz im Winter.

Kruckenwachstum

Da beim Gamswild beide Geschlechter einen Kopfschmuck tragen, der nicht abgeworfen wird und der für das Ansprechen eine große Rolle spielt, soll er hier zuerst besprochen werden. Beim frischgesetzten Kitz ist äußerlich noch nichts von der späteren Kruckenbildung zu sehen, doch schon bald bilden sich auf der Stirn kleine Haarbüschel, in denen beim zwei Monate alten Kitz kleine Hornkegelchen stehen, die die zukünftige Kruckenspitze darstellen. Das

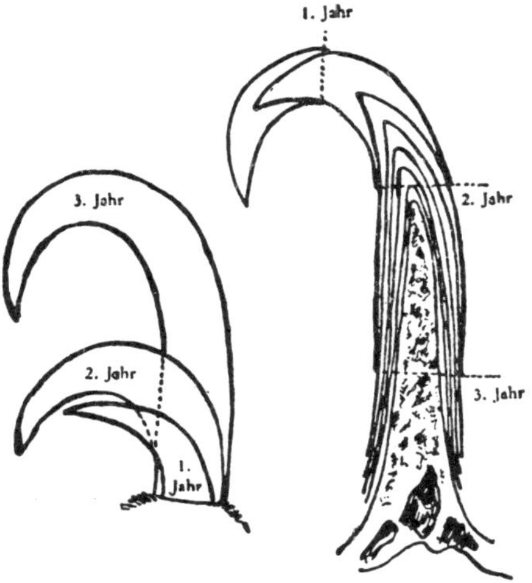

Abb. 43: Der Aufbau der Gamskrucken. Erklärung im Text.

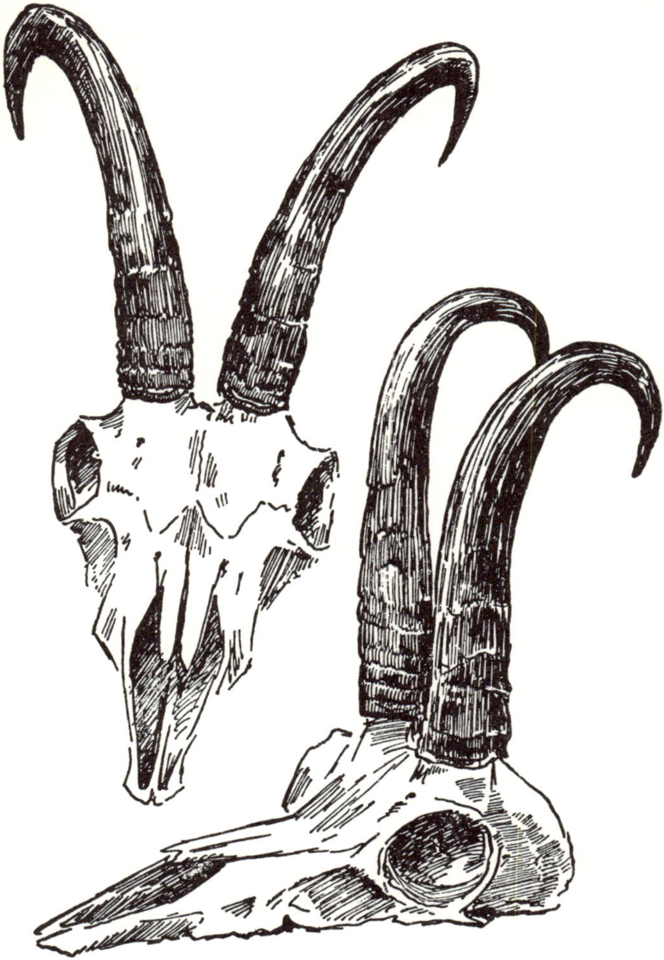

Abb. 44: Bockkrucke.

Abb. 45: Geißkrucke.

weitere Wachstum erfolgt von unten her. Im Winter sind bereits beim Kitz deutlich die kleinen Krucken zu erkennen. Das größte Kruckenwachstum liegt im zweiten und dritten Lebensjahr, nimmt im vierten stark ab und ist vom fünften ab nur noch gering. Mit Vollendung des zweiten Lebensjahres ist etwa die Hälfte der Maximalhöhe erreicht. In Abb. 43 wird der Aufbau einer Gamskrucke gezeigt. Aus ihr geht deutlich hervor, wie groß der Zuwachs in den einzelnen Jahren ist und wie durch den jährlichen Zuwachs die früheren Abschnitte nach oben geschoben werden. Die Zahlen geben das Lebensjahr an, in dem der jeweilige Abschnitt geschoben worden ist. Man braucht sich nur die Basis des jeweiligen Abschnittes an den Schädel herangerückt zu denken, um sich die Kruckenform für das betreffende Alter vorstellen zu können. Etwa vom fünften Lebensjahr ab tritt kein wesentlicher Zuwachs mehr auf, ausgenommen besonders gut veranlagte Stücke, die auch später noch größere Zuwachszonen aufweisen können und ausgenommen ältere, nichtführende Geißen, die gelegentlich noch einmal breitere Zuwachszonen ansetzen.

Kruckenformen

Sowohl im Durchschnitt als auch in der Spitzenleistung ist die Kruckenhöhe bei Bock und Geiß gleich. Eher geben Stärke und Auslage Anhaltspunkte für die Unterscheidung der Geschlechter: die Bockkrucken sind unten wuchtiger gebaut und besitzen eine größere Auslage, die Geißkrucken sind schlanker und engergestellt. Außerdem liegt beim Bock das einzelne Krickel meist mehr in einer Ebene als bei der Geiß. Der deutlichste Unterschied zeigt sich in der Hakelung: beim Bock ist die Kruckenspitze scharf nach unten, bei der Geiß mehr nach hinten und nur geringfügig nach unten gebogen. Abb. 44 zeigt eine Bock- und Abb. 45 eine Geißkrucke, jeweils in Vorder- und Seitenansicht. Dazu muß jedoch

Abb. 46: Bock (oben) und Gelß (unten) im Winter.

bemerkt werden, daß es zwischen diesen beiden typischen Formen alle Übergänge gibt, so daß die Krucken zwar ein sehr wichtiges, aber für sich allein nicht immer klares und unbedingt zuverlässiges Geschlechtsmerkmal sind.

Geschlechtsmerkmale

Das einzige absolut sichere Ansprechmerkmal für den Bock ist der Pinsel, der allerdings häufig schwer zu entdecken ist. Sein scheinbares Nichtvorhandensein ist also kein Zeichen dafür, daß es sich bei dem beobachteten Stück um eine Geiß handelt. Während die Körperfarbe überhaupt keinen Hinweis auf das Geschlecht gibt, kann man den Bock im Winterhaar oftmals an seinem sogenannten Bart erkennen, einer sich vom Widerrist zum Wedel erstreckenden Reihe langer Rückenhaare, die der Geiß fehlen. Das geübte Auge kann auch an der gedrungenen Figur und dem kürzer und dicker erscheinenden Hals einen Bock erkennen. Abb. 46 versucht, alle diese Unterschiede herauszustellen.

Altersmerkmale

Ist schon das Ansprechen auf das Geschlecht nicht immer ganz leicht und unterlaufen hierbei sogar dem erfahrenen Hochgebirgsjäger gelegentlich Fehler, so trifft das in verstärktem Maße für das Ansprechen auf das Alter zu. Die ganz jungen Stücke wird man immer an der geringeren Kruckenhöhe erkennen können, mit Sicherheit dann, wenn die Krickel die Lauscher noch nicht überrragen. Da jedoch — wie gezeigt — vom vierten Lebensjahr an das Kruckenwachstum sehr gering ist, kann dieses Merkmal in den späteren Lebensjahren nicht mehr herangezogen werden.

Während die Deckenfärbung als Altersmerkmal sehr umstritten, im Hochgebirge bei der dort sehr stark wechselnden Beleuchtung und vor allem bei Schnee auch leicht trügerisch ist, kann man sehr alte Stücke an der Gesichtsfärbung erkennen. Bekanntlich hat das Gamswild eine helle Kopffärbung mit dunklen „Zügeln“, die sich vom Windfang über die Lichter erstrecken, sich unmittelbar hinter den Krucken vereinigen und in Hinterkopfbreite in den körperfarbenen Nacken übergehen. Während diese Zügel beim jungen Stück sehr scharf ausgeprägt sind — im Winterkleid auffälliger als im Sommerkleid —, verwischen sie sich mit zunehmendem Alter mehr und mehr, um sich im sehr hohen Alter völlig aufzulösen

Abb. 47: Links junge, rechts alte Gamsgeiß: man beachte die Auflösung der „Zügel".

und einer gleichmäßig hellen Farbe zu weichen (s. Abb. 47). Gelegentlich kommen Gams ohne helle Kopfzeichnung vor, sogenannte Kohlgams, bei denen der ganze Kopf einheitlich dunkel ist. In sehr seltenen Fällen treten Albinos auf. Beim Bock wird mit zunehmendem Alter der Pinsel immer deutlicher sichtbar, etwa beginnend mit dem sechsten Lebensjahr.

Verhalten

Sehr wichtige Anhaltspunkte für das Ansprechen nach Geschlecht und Alter gibt das Verhalten. Die führende Geiß steht mit ihrem Kitz nur während dessen ersten Lebenswochen alleine. Schon Ende Juni schließen sich die führenden Geißen mit ihren Kitzen, die noch nichtführenden jungen und Schmalgeißen und ältere nichtführende Geißen zu Rudeln zusammen, die von einigen wenigen bis zu 50 oder 100, bei sehr hoher Wilddichte noch mehr Stücken zählen können und denen sich die einjährigen und zeitweise auch zweijährigen Böcke anschließen. Diese Rudel entsprechen den Kahlwildrudeln des Rotwildes und zeigen auch hinsichtlich ihrer Struktur und ihres Verhaltens mancherlei Ähnlichkeit mit diesen — wie überhaupt das Sozialverhalten des Gamswildes dem des Rotwildes vielfach ähnelt. Die Rudel werden erst kurz vor dem erneuten Setzen aufgelöst, was aber nicht besagt, daß sie vom Hochsommer bis zum nächsten Frühjahr unverändert erhalten bleiben. Vielmehr kommt es nicht selten vor, daß Rudel sich teilen oder andere sich zusammenschließen — gerade so wie beim Rotwild.

Während der Setzzeit, in der sich die Muttergeißen vom Rudel absondern, bleibt das Jungwild in kleineren Gruppen beisammen. Die Hochgebirgsjäger bezeichnen diese Stücke als Scharlinge oder Scharwild.

Die zwei- und dreijährigen, gelegentlich auch noch die vierjährigen Böcke bilden gesonderte Bockrudel, die jedoch in der Regel nur vier bis fünf Stücke umfassen. Noch ältere Böcke stehen entweder allein oder mit einem anderen Bock zusammen.

Brunftverhalten

Zu Beginn der Brunft — Ende Oktober oder Anfang November — lösen sich die Bockrudel auf und die Böcke treten zu den Geißrudeln. Während sie dort einander zunächst noch dulden, ändert sich das, sobald die ersten weiblichen Stücke vollbrunftig werden. Jetzt werden die Geißrudel von jeweils einem Platzbock beherrscht, wobei die Rangordnung im wesentlichen eine Altersrangordnung sein dürfte. Sehr alte Böcke stehen allerdings häufig nicht bei einem Rudel, sondern mit einem einzelnen brunftigen Stück an abgelegenen, ruhigen Stellen. Jetzt ist der Bock auch an seinem Verhalten einwandfrei als solcher zu erkennen: am häufigen Nässen, Flehmen, Stampfen, Aufstellen der Barthaare und Blädern, einem meckernden Ton. Sobald sich ein anderer Bock dem Rudel nähert, zieht der Platzbock mit aufgestellten Barthaaren auf ihn zu. Jungböcke er-

Abb. 48: Einige Kruckenmißbildungen.

greifen daraufhin sofort die Flucht, oft auch gleichalte, wenn auch etwas zögernder oder gar erst nach längerem gegenseitigem Imponiergehabe. Doch kann es auch umgekehrt kommen, daß nämlich der Platzbock vertrieben wird. Zu tatsächlichen Kämpfen kommt es beim Gamswild nur selten, häufiger zu weiten Verfolgungsjagden, die dann oft ein dritter Bock ausnutzt, um zum Beschlag zu kommen, bevor er vom Platzbock, nach dessen Rückkehr, wieder vertrieben wird. Während der Brunft sieht man häufig auch einzelne, suchende Böcke.

Abschußrichtlinien

Allgemeine Abschußrichtlinien zu geben, ist beim Gamswild sehr viel schwieriger als beim Rot-, Dam- und Rehwild. Während bei den drei letztgenannten Wildarten zwecks Erhaltung einer guten Altersklassengliederung sehr scharf in die beiden jüngsten Jahrgänge eingegriffen werden muß, ist dies beim Gamswild in vielen Revieren nicht so nötig, da hier hohe natürliche Verluste — die vor allem in den jüngsten Altersklassen auftreten — schon den notwendigen Ausgleich herbeiführen. Muß doch in die

Jugendklassen eingegriffen werden, so hat vor allem bei den Kitzen die Auswahl nach der Wildbretstärke zu erfolgen.

Krucken-mißbildungen

In den mittleren Jahrgängen soll der Abschuß — wie bei allen Schalenwildarten — äußerst gering sein und sich auf absolut abschußnotwendige Stücke beschränken. Im Gegensatz zu den Geweihträgern, sind beim Gamswild aber auch Kruckenverletzungen ein Abschußgrund, da die Hornträger ja nicht abwerfen und dadurch die Verletzung nicht wieder wettmachen können. In Abb. 48 werden einige Kruckenmißbildungen gezeigt. Als seltene Abnormität — die aber nicht

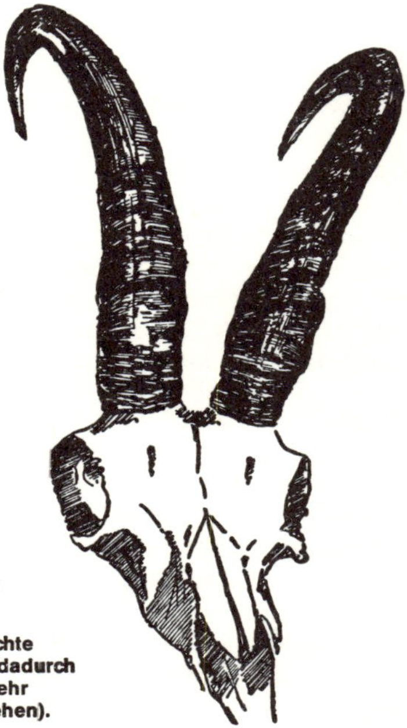

Abb. 49: Gamsgeiß mit Hauthorn.

Abb. 50: Starke, verpechte Gamskrucke (dadurch Jahresringe sehr schlecht zu sehen).

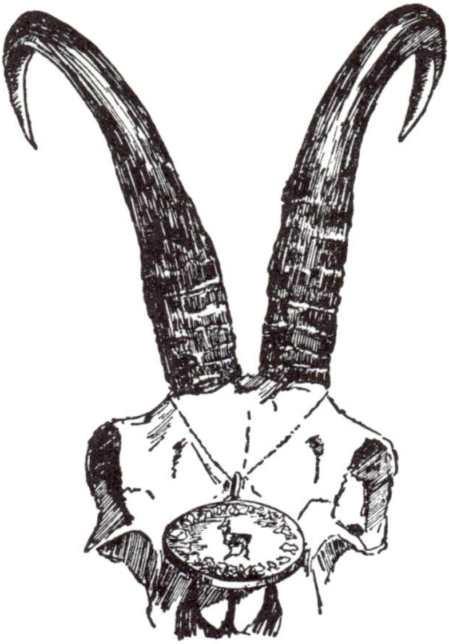

Abb. 51: Kapitale Bockkrucke.

direkt mit der Krucke zu tun hat — seien hier noch die sogenannten Hauthörner genannt, die an völlig anderen Stellen entstehen können. Abb. 49 zeigt ein Beispiel aus dem Deutschen Jagdmuseum in München. Keine Abnormität ist die von Gamsjägern oft hochgeschätzte Verpechung der Krucken (Abb. 50).

Ernteabschuß

Bei den alten Böcken hat der Wahlabschuß nach der Kruckenhöhe vom Schwachen her zu erfolgen. Da es ein Abwerfen nicht gibt, besteht nicht die Gefahr, daß ein besonders guter Bock vielleicht im nächsten Jahr zurücksetzen könnte. Vielmehr wachsen ja die Krucken zeitlebens weiter, wenn im höheren Alter auch fast unmerklich. Trotzdem findet natürlich auch

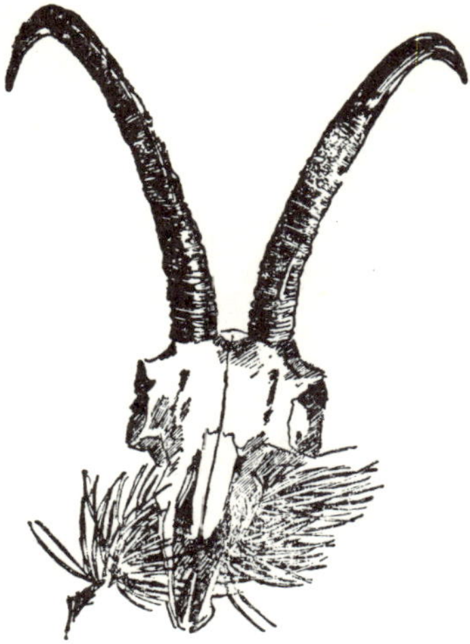

Abb. 52: Kapitale Geißkrucke.

beim Gamswild ein Ansteigen, ein Verharren auf dem Höhepunkt und endlich ein Absinken der allgemeinen Körperkräfte statt, wobei wir letzteres als ein allgemeines Zurücksetzen bezeichnen können, was man bei der Geiß auch an schwachen Kitzen sieht. Auch beim Gamswild muß also ein Ernteabschuß in den höchsten Altersklassen stattfinden. In Abb. 51 wird die Trophäe eines kapitalen Bockes und in Abb. 52 die einer kapitalen Geiß gezeigt.

Geißen-abschuß

Selbstverständlich muß auch beim Gamswild durch einen entsprechenden Geißenabschuß ein Geschlechterverhältnis von 1 : 1 aufrechterhalten oder — wo nicht vorhanden — hergestellt werden. Wo nicht in die Jugendklassen eingegriffen zu werden braucht, sind dabei die ältesten nichtführenden Geißen oder solche abzuschießen, die besonders schwache Kitze führen, selbstverständlich erst nach den Kitzen. Im übrigen läßt sich die individuelle Entwicklung einer Geiß, im Gegensatz zum übrigen Schalenwild, ja auch nach ihrem eigenen Kopfschmuck beurteilen: für den Wahlabschuß ein unschätzbarer Vorteil!

Laut-äußerungen

Außer dem bereits genannten Blädern ist als Lautäußerung des Gamswildes das weit zu hörende Pfeifen, ein Warnlaut beider Geschlechter, zu nennen, durch das der Jäger oftmals erst auf das Vorhandensein des Wildes aufmerksam gemacht wird. Das gleiche gilt für das „Steineln", das durch vom Wild losgetretene, zu Tal stürzende Steine hervorgerufen wird.

VI. Das Ansprechen des Muffelwildes

Schnecken und Stümpfe

Beim Muffelwidder nennt man den Kopfschmuck „Schnecken", eine treffende Beschreibung der Form, wie sie sich beim alten Widder zeigt. Zum Teil tragen auch die Schafe kurze, gerade Hörner, die nur etwa 5 bis 6 cm, im Höchstfall bis 10 cm lang und treffend als „Stümpfe" bezeichnet werden. Im Gegensatz zum Gamswild lassen sich also erwachsene Stücke Muffelwild leicht an der Form des Kopfschmucks unterscheiden — soweit solcher beim weiblichen

Abb. 53: Starker Muffelwidder mit Schaf und Lamm.

Wild überhaupt vorhanden ist. Bereits die Schnecken des einjährigen Widders sind bei guter Veranlagung und Entwicklung länger als die längsten Stümpfe eines Schafes. Die Hörner eines Widderlammes und die eines Muffelschafes lassen sich dadurch unterscheiden, daß die Widderschnecken schon beim Lamm einen dreieckigen Querschnitt aufweisen, die Stümpfe des Schafes dagegen zweischneidig sind. Beim starken Widder tritt meistens (aber nicht immer) ein deutlicher weißer Sattel (Schabracke) hervor. Weitere Unterschiede der Geschlechter brauchen für das Ansprechen nicht genannt zu werden, zumal sie entweder schwer sichtbar oder unsicher sind. Abb. 53 zeigt einen starken Muffelwidder im Winterhaar mit Schaf und Lamm.

Schneckenentwicklung und Lebensalter

Die Altersbestimmung des Widders läßt sich am besten nach der Schneckenentwicklung durchführen: im ersten Lebensjahr wachsen die Schnecken bei nur geringer Rückwärtskrümmung fast in Verlängerung der vorderen Kopflinie, im zweiten Lebensjahr zeigt sich eine deutliche Krümmung, im dritten und vierten Lebensjahr ist die Schneckenspitze bei guter Entwicklung gegen den Träger, später nach vorne, etwa vom achten Lebensjahr nach vorn oben gerichtet (Abb. 54). Die Schneckenentwicklung verläuft — wie beim Gamswild — von unten her, so daß der im ersten Lebensjahr geschobene Teil später die Schneckenspitze darstellt.

Wie beim Gamswild, wachsen die Schnecken des Muffelwidders zeitlebens weiter, etwa vom zehnten Lebensjahr ab allerdings nur noch minimal, so daß jetzt keine Trophäenverbesserung mehr zu erwarten ist und der Ernteabschuß erfolgen kann. In Abb. 55 werden zwei Kapitaltrophäen gezeigt.

Ob und gegebenenfalls wie stark in die Jugendklassen eingegriffen werden muß, hängt vom Zu-

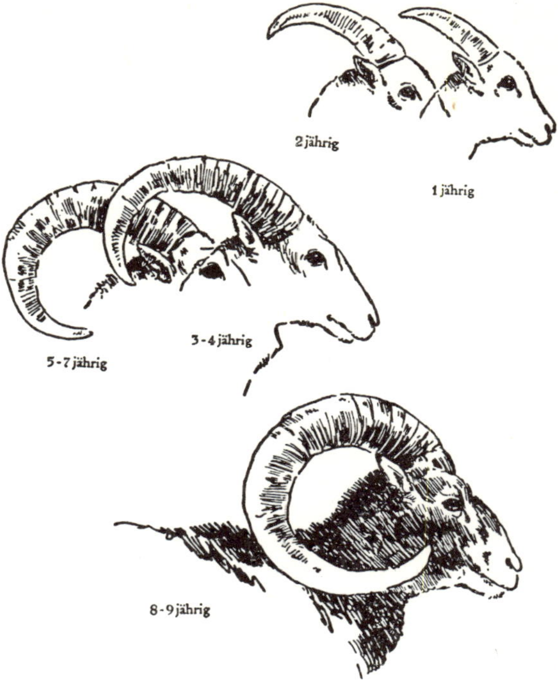

Abb. 54: Die Altersentwicklung der Muffelschnecken.

Abb. 55: Zwei Kapitale.

wachs ab, der von Vorkommen zu Vorkommen sehr schwankt. Neben Muffelwildvorkommen mit sehr hohem Zuwachs, gibt es solche, die eine kaum nennenswerte Vermehrung aufweisen. Diese Frage muß also nach den örtlichen Erfahrungen entschieden werden. Ist ein Jugendabschuß erforderlich, muß die Auswahl nach Wildbretstärke und Schneckenlänge erfolgen.

Abnormitäten

Als Schneckenabnormitäten sind vor allem die Scheuerer und Einwachser zu nennen, bei denen die Schneckenspitzen schließlich in Kopf oder Träger eindringen (Abb. 56) oder doch durch ständiges Scheuern den Hals beschädigen. Diese Abnormitäten

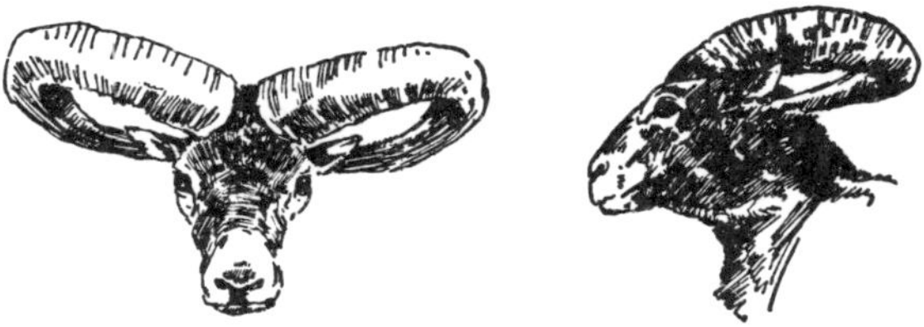

Abb. 56: Einwachser.

sind frühestens vom fünften oder sechsten Lebensjahr an zu erkennen. Außer diesen, für ihren Träger lebensgefährlichen Mißbildungen sind folgende Fehler — die sich im gleichen Lebensalter oder auch schon etwas früher erkennen lassen — als Abschußgrund zu werten: Schnecken mit zu geringem Kreisbogen, mit Symmetriefehlern oder mit unerwünschter (zu enger oder zu weiter) Auslage. Auch Widder, deren Schnecken nicht der örtlich zu fordernden Stärke entsprechen, müssen bis zur Erfüllung der jeweils festgelegten Zahl abgeschossen werden. Nach dem vordringlichen Abschuß der Scheuerer und Einwachser hat der Wahlabschuß die Widder mit den zuletzt genannten Fehlern zu erfassen. Daß auch beim Muffelwild — wie bei allem anderen Wild — der Abschuß von krankem, deutlich parasitiertem oder sonstwie kümmendem Wild an allererster Stelle zu stehen hat, braucht nicht besonders betont zu werden.

Abschußrichtlinien

Der Abschuß des weiblichen Muffelwildes hat im Prinzip nach den gleichen Richtlinien zu erfolgen wie bei den anderen Schalenwildarten, bei den Schafen also vor allem nach der Stärke der von ihnen aufgezogenen Lämmer. Auch beim Muffelwild ist durch einen entsprechend aufgeteilten Abschuß ein Geschlechterverhältnis von 1 : 1 und ein gesunder Altersklassenaufbau des Bestandes zu erhalten, gegebenenfalls herzustellen. In allen nicht reinblütigen Muffelwildvorkommen ist es eine zusätzliche Aufgabe des Wahlabschusses, bevorzugt solche Stücke aus der Wildbahn herauszunehmen, die im Aussehen oder im Verhalten die Merkmale der Bastarde zeigen. Solche Merkmale sind vor allem: ein Blöken beim Widder (jedoch nicht bei Lamm und Schaf), wolliges Haar bei beiden Geschlechtern und mit gewissen Einschränkungen auch erhebliche Farbabweichungen. Grundsätzlich sind auch in beiden Geschlechtern und allen Altersklassen alle beim Schälen beobachteten Stücke sofort abzuschießen. Reinblütiges Muffelwild schält nur bei allergrößter Wintersnot.

VII. Das Ansprechen des Schwarzwildes

Altersklassen

Beim Schwarzwild wird vielerorts leider kein planmäßiger Wahlabschuß durchgeführt. Das ist nicht nur sehr bedauerlich, sondern auch in höchstem Maße unklug, denn keine andere Schalenwildart reagiert hinsichtlich der Stärke so prompt und sicher auf eine planmäßige Wildstandsbewirtschaftung wie die Sauen. Die Trophäenstärke ist beim Keiler fast ausschließlich eine Frage des Alters. Kapitale Waffen können wir nur von einem Hauptschwein, d. h. von einem mindestens sieben Jahre alten Keiler erbeuten. Es ist also notwendig, den Schwarzwildbestand so zu regulieren, daß ohne Anstieg der Wilddichte eine möglichst große Zahl männlicher Stücke das Alter von sieben Jahren erreicht. Das aber erfordert bei dem sehr hohen Zuwachs des Schwarzwildes noch viel mehr als bei allen anderen Schalenwildarten eine sehr starke Bejagung der beiden Jugendklassen, ganz besonders der Frischlinge, und eine fast vollständige Schonung der mittleren Jahrgänge.

Die Altersklassenbezeichnung beim Schwarzwild geht aus der folgenden Aufstellung hervor:

Lebensjahr	männliches Wild	weibliches Wild	allgemein
1.	Frischlingskeiler	Frischlingsbache	Frischling
2.	Überläuferkeiler	Überläuferbache	Überläuf.
3.	zweijähr. Keiler	zweijähr. Bache	grobe Sauen
4.	dreijähr. Keiler	dreijähr. Bache	
5.	angeh. Schwein	alte Bache	
6.	hauend. Schwein		
7.			
ab 8.	Hauptschwein		

Als Übergangstermin in die nächsthöhere Altersklasse gilt — wie bei den anderen Schalenwildarten — jeweils der 1. April.

Frischlinge

Die Frischlinge kommen gelb-braun-gestreift zur Welt. Während ihrer ersten Lebenswoche verlassen sie den von der Bache meist in einer großen Dickung hergerichteten Kessel nicht. Doch auch dann nimmt die Bache ihre Frischlinge noch nicht auf größere Streifzüge mit, sondern legt sie in der Dickung ab, um allein auszuwechseln. Erst nach Ablauf von etwa drei Wochen dürfen die Frischlinge ihre Mutter begleiten.

Etwa im Alter von zwei Monaten fangen die Streifen der Jugendfärbung an sich zu verwischen und langsam der normalen Saufarbe zu weichen. Allerdings geht dieser Übergang sehr langsam vor sich, so daß man die Streifung noch mehrere Monate lang sehen kann, wenn auch immer undeutlicher.

Nach vollständigem Auswachsen der Borsten zum Winterkleid lassen sich die Streifen nicht mehr erkennen, doch haben die Frischlinge während ihres ganzen ersten Winters einen rötlich-braunen Schim-

Abb. 57: Bache mit etwa einen Monat alten Frischlingen. Bei der führenden Bache sieht man im Sommerkleid oft die Striche — und darf sie nicht etwa für den Pinsel eines Keilers halten!

Abb. 58: Bache mit etwa vier bis fünf Monate alten Frischlingen. Die Jugendstreifung ist jetzt nur noch andeutungsweise zu sehen.

mer in der Schwarte, der bei gutem Licht deutlich sichtbar ist und der sich erst im Frühjahr nach dem Haarwechsel verliert, den man also im April auch noch bei den jungen Überläufern sieht. Abb. 57 und 58 zeigen je eine Bache im Sommerkleid mit ihren Frischlingen. Die der einen Bache sind etwa einen Monat, die der anderen etwa vier bis fünf Monate alt. Oftmals schließen sich mehrere führende Bachen mit ihren Frischlingen zu einer Rotte zusammen, der sich im Hochsommer manchmal auch die vorjährigen Frischlinge, also die jetzigen Überläufer, lose anschließen, so daß zeitweilig eine gemischte Rotte entsteht. Abb. 59 zeigt eine Bache mit Frischlingen im Winter.

Überläufer

Zum Frischen tut sich die Bache von ihren vorjährigen Frischlingen ab. Letztere bleiben zunächst in Überläuferrotten zusammen, doch im Hochsommer trifft man die Überläufer oft auch einzeln an, vor allem die Überläuferkeiler, und die Überläuferbachen haben jetzt manchmal selbst schon gefrischt.

Die Frischlinge und im Frühjahr auch noch die Überläufer lassen sich als solche mit großer Sicherheit ansprechen, einerseits aufgrund ihres beschriebenen Aussehens, andererseits aufgrund ihres Zusammenseins mit der Bache oder in den Überläuferrotten. Die Geschlechter lassen sich bei diesen Jugendklassen zwar nur bei sehr gründlicher Beobachtung und bei gutem Licht unterscheiden, doch ist das nicht nötig: immer soll man das schwächste Stück aus der Rotte herausschießen! Wenn eine genügende Zahl von Stücken die hohen Altersklassen erreichen soll, müssen — je nach Höhe des Zuwachses in dem betreffenden Jahr — 50 bis 80 Prozent aller vorhandenen Frischlinge und 80 Prozent aller vorhandenen Überläufer abgeschossen, die mitleren Altersklassen vollständig geschont werden.

Abb. 59: Bache mit Frischlingen im Winter. Auch jetzt niemals die Bache, sondern den schwächsten Frischling schießen!

Bachen

Selbstverständlich sind alle führenden Bachen zu schonen. Dabei ist zu bedenken, daß die Bachen ihre Frischlinge in den ersten Lebenswochen in der Dikkung ablegen und allein auswechseln, daß es andererseits keine Jahreszeit gibt, zu der noch keine neugeborenen Frischlinge festgestellt wurden. Wenn auch die Mehrzahl der Frischlinge in der Zeit von Mitte Februar bis Mitte Mai gesetzt wird und ein zweiter, schwächerer Höhepunkt im Juli und August liegt, so können doch auch zu anderen Jahreszeiten ganz junge Frischlinge vorhanden sein. Bei einzelnen, anscheinend nichtführenden Stücken muß man also immer damit rechnen, daß es sich doch um eine führende Bache handelt, die nur ihre Frischlinge abgelegt hat oder deren noch kleine Frischlinge man in der hohen Vegetation nicht sieht. Auf ein einzelnes Stück sollte man stets nur dann schießen, wenn man es einwandfrei als Überläuferkeiler

Abb. 60: Die typischen, aber keineswegs immer so deutlich ausgeprägten Schädelformen von Keiler (rechts) und und Bache (links).

oder alten, starken Keiler angesprochen hat. Woran ist nun letzterer zu erkennen?

Keiler

Der mit dem Schwarzwild wenig vertraute Jäger ist leicht geneigt, den Keiler nach seinen Waffen ansprechen zu wollen. Aber gerade das ist eine höchst unsichere und gefährliche Methode. Die Keilerwaffen sind nämlich oft nur schlecht zu sehen, und nicht selten treten die an den gleichen Stellen sitzenden Haken einer alten Bache viel deutlicher in Erscheinung. Wollte man also nach den Waffen ansprechen, so könnte man leicht anstatt eines Keilers eine Bache erlegen.

Der sehr erfahrene Schwarzwildkenner kann oftmals Keiler und Bache an der Kopfform unterscheiden. Abb. 60 zeigt den typischen Kopf eines alten Keilers und den einer alten Bache. Man achte vor allem auf die Profillinie und die beim Keiler etwas aufgewölbte

Oberlippe über den Haderern. Es muß allerdings ausdrücklich darauf hingewiesen werden, daß diese Bilder zwar nach lebenden Stücken gezeichnet worden sind, daß es sich hier aber um besonders typische Schädelformen handelt, die keineswegs immer in dieser Deutlichkeit auftreten. Oftmals, vor allem bei noch jüngeren Stücken, ist es selbst für den Kenner schwierig, die beiden Geschlechter nach der Kopfform zu unterscheiden.

Das sicherste Merkmal zum Ansprechen eines Keilers ist zweifellos der Pinsel. Aber auch hier muß zur Vorsicht gemahnt werden. Während nämlich einerseits beim jungen Keiler der Pinsel oft nur sehr schwer zu erkennen ist, kann ein ungeübter Beobachter unter Umständen die vordersten Striche von dem Gesäuge der Bache als Pinsel ansprechen.

Abb. 61: Starker Keiler (links) und Bache (rechts) im Sommerkleid.

Abb. 62: Hauptschwein (links) und Bache (rechts) im Winterkleid.

Haupt-schweine

Damit kommen wir nun zu den Merkmalen, die uns das alte Hauptschwein als solches erkennen lassen. Für den praktischen Jagdbetrieb genügen allein diese Merkmale; denn — wie wir bereits sahen — sollen außer den Frischlingen und Überläufern ja erst wirklich alte und reife Stücke erlegt werden. Beim alten Keiler fallen außer der bereits gezeigten Kopfform die ganze ebenso typische Körperform, der starke Pinsel und die Quaste am Pürzel auf. Nur wenn all diese Merkmale deutlich ausgeprägt sind, dürfen wir das Stück als wirkliches Hauptschwein ansprechen und als solches erlegen. In Abb. 61 werden der gleiche Keiler und die gleiche Bache, deren Köpfe bereits in Abb. 60 gezeigt wurden, im Sommer- und in Abb. 62 im Winterkleid wiedergegeben. In Abb. 63 wird ein etwa dreijähriger Keiler im Sommer- und im Winterkleid gezeigt. Hier sind die Keiler-

Abb. 63: So sieht ein drei- bis vierjähriger Keiler im Winterkleid (rechts) und im Sommerkleid (links) aus. Solche Keiler müssen unbedingt geschont werden, wenn wir wieder wirkliche Hauptschweine in unseren Revieren haben wollen!

merkmale noch nicht annähernd so deutlich ausgeprägt wie beim Hauptschwein.

Abschußrichtlinien

Um es nochmals zu sagen: einzelne Stücke Schwarzwild sollten nur dann geschossen werden, wenn es sich ganz einwandfrei um wirklich alte Keiler oder einwandfrei um nichtführende Bachen handelt. In der Hauptsache sind aus den Rotten die jeweils geringsten Frischlinge und Überläufer herauszuschießen. Dort, wo nach diesen Grundsätzen verfahren wird, kann als Lohn der Hege von Zeit zu Zeit ein wirkliches Hauptschwein gestreckt werden.

VIII. Das Wiedererkennen bestimmter Stücke

Bedeutung des Wiedererkennens

Sowohl für die Wildbestandsaufnahme und die Wildstands- und Abschußplanung als auch für die eigentliche Bejagung ist es oftmals sehr wertvoll, wenn man bestimmte Stücke immer wiedererkennen kann. Über diese eigentliche praktische Bedeutung hinaus schult es auch ungemein die Beobachtungsgabe und sollte deshalb vor allem von Jungjägern bewußt angestrebt werden. Schließlich bereitet es viel Freude, einzelne bestimmte Stücke immer wiederzuerkennen und so mit der Zeit in ihrem ganzen Lebensablauf verfolgen zu können. Jeder Revierinhaber und Revierbetreuer, aber auch jeder Jäger, der als Jagdgast regelmäßig dasselbe Revier aufsucht, kann sich selbst viel Freude bereiten, wenn er sich bemüht, sich die Eigenheiten möglichst vieler Stücke so einzuprägen, daß er sie stets wiedererkennt.

Möglichkeiten des Wiedererkennens

Jedes einzelne Stück Wild unterscheidet sich in mehr oder minder vielen und in mehr oder minder deutlichen Merkmalen des Körperbaues, der Färbung, des Verhaltens usw. von seinen Artgenossen. Das Erkennen vieler dieser Merkmale erfordert eine große Erfahrung und kann nur in jahrelanger Praxis erworben werden. Am leichtesten lassen sich die Unterschiede im Kopfschmuck des männlichen Rot-, Dam- und Rehwildes erkennen. Diese Unterschiede sind deshalb ganz besonders zum Merken, Beschreiben und Wiedererkennen einzelner Stücke geeignet. Wer über ein wenig Zeichentalent verfügt, kann auch die Geweihe bzw. Gehörne des beobachteten männlichen Schalenwildes skizzieren, entweder auf weißem Papier oder — was wesentlich leichter ist — auf einem der hierfür erhältlichen Skizzenblocks, auf deren Formularen jeweils Kopf und oberer Halsansatz von vorn, von links und von rechts vorgedruckt sind, so daß man nur noch die Stangen einzuzeichnen braucht. Der Hirschgeweih-Skizzenblock kann sowohl für Rot- als auch für Damhirsche benutzt werden.

Grundlagen des Wiedererkennens

Sowohl das Beschreiben und Wiedererkennen als auch das Zeichnen von Rot- und Damhirschgeweihen sowie von Rehgehörnen ist relativ leicht, wenn man sich einige wenige Grundformen einprägt, auf deren Vorkommen achtet und sie schließlich zur Grundlage der jeweiligen Skizze macht.

Grundformen des Rothirschgeweihs

In Abb. 64 werden die Grundformen des Rothirschgeweihs und in Abb. 65 die wichtigsten Kronenformen zusammengestellt.

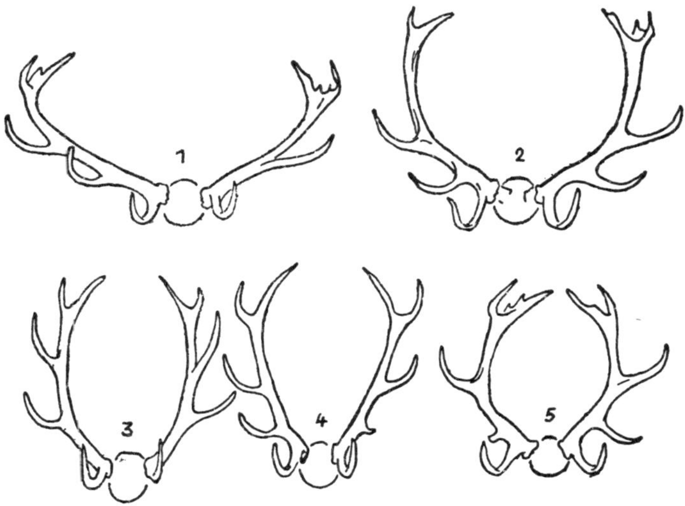

Abb. 64: Die Grundformen des Rothirschgeweihs: 1. weite flache Auslage, 2. Normalform, 3. Eiform, 4. enggestellte gerade Stangen, 5. Kranzform.

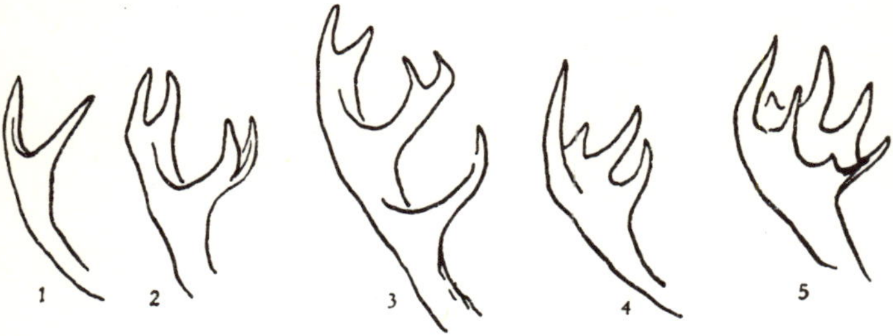

Abb. 65: Die wichtigsten Kronenformen: 1. Endgabel, 2. Doppelgabel, 3. Doppelgabel mit Wolfssprosse, 4. Handform, 5. Becherform.

Abb. 66: Einige Grundformen von Damschaufeln.

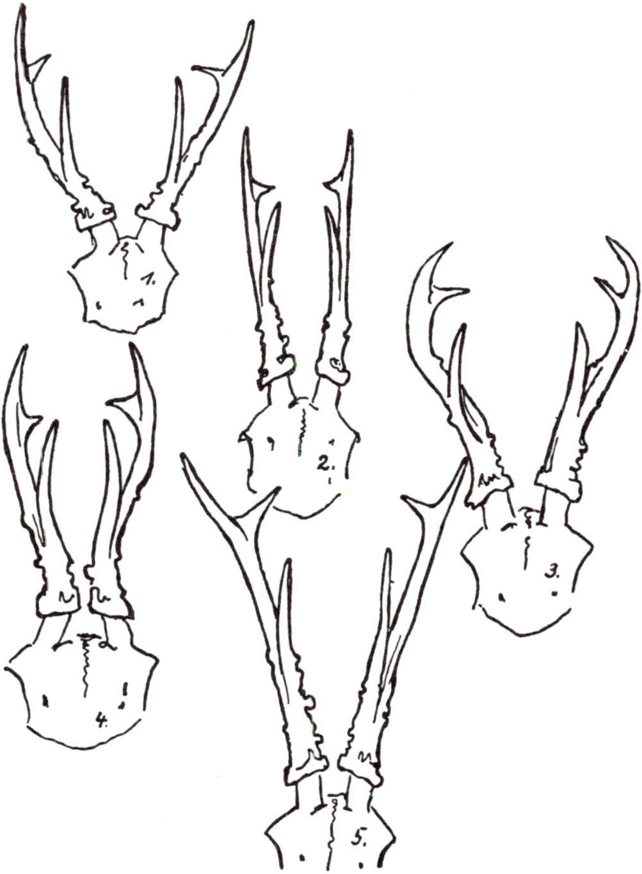

Abb. 67: Die Grundformen des Rehgehörns: 1. Korbform, 2. gerade parallele Stangen, 3. Herzform, 4. geschnürte Form, 5. gerade ausgelegte Stangen.

Schaufelformen

In Abb. 66 werden die wichtigsten Grundformen von Damhirschschaufeln wiedergegeben. Bezüglich der allgemeinen Geweihformen kann man sich nach den gleichen Grundbegriffen richten wie beim Rothirsch.

Grundformen des Rehgehörns

In den Abbildungen 67 und 68 sind schließlich die wichtigsten Grundformen des Rehgehörns in Vorderansicht und Seitenansicht wiedergegeben.

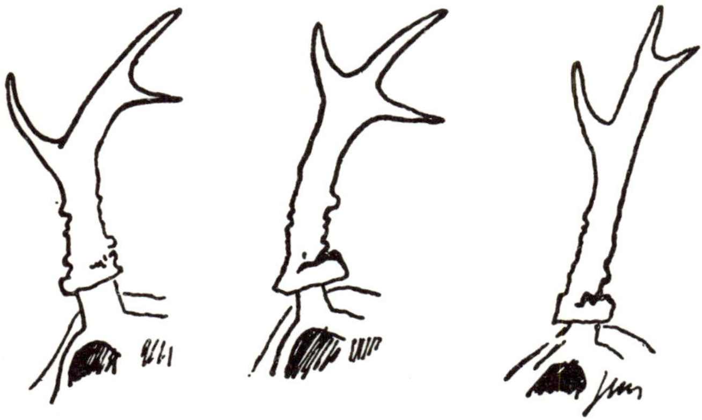

Abb. 68: Seitenansichten von Rehgehörnen.

Literaturverzeichnis

BRUNS, H., SARTORIUS, O., und LOTZE, K.: Das Ansprechen des Rehwildes. 12. Aufl., Verlag M. & H. Schaper, Hannover, 1970.

HANSEN, I.-E.: Damwildhege mit der Büchse. Verlag Paul Parey, Hamburg und Berlin, 1971.

HANSEN, P., v. BÜLOW, D., und LOTZE, K.: Das Ansprechen des Damschauflers. 3. Aufl., Verlag M. & H. Schaper, Hannover, 1969.

HENNIG, R.: Das Ansprechen und Bestätigen des Schalenwildes. F. C. Mayer Verlag, München, 1962.

HENNIG, R.: Der Abschußplan. Landbuch-Verlag, Hannover, 1971.

HENNIG, R.: Schwarzwild. Biologie – Verhalten – Hege und Jagd. BLV Verlagsgesellschaft, München, 1981.

HETSCHOLD, W., und VORREYER, F.: Das Ansprechen des Rotwildes. 3. Aufl., Verlag Paul Parey, Hamburg und Berlin, 1968.

KNAUS, W.: Das Gamswild. Verlag Paul Parey, Hamburg und Berlin, 1960.

KREBS, H.: Jung oder alt? BLV Verlagsgesellschaft, München, 1979.

LOTZE, K.: Das Ansprechen des Hirsches. 8. Aufl., Verlag M. & H. Schaper, Hannover, 1968.

OLOFF, H.-B.: Hirsche richtig ansprechen. 2. Aufl., Bayerischer Landwirtschaftsverlag, München, 1956.

TÜRCKE, F., und SCHMINCKE, S.: Das Muffelwild. 2. Aufl., Verlag Paul Parey, Hamburg und Berlin, 1982.

UECKERMANN, E.: Der Rehwildabschuß. Verlag Paul Parey, Hamburg und Berlin, 1963.

UECKERMANN, E.: Das Damwild. 2. Aufl., Verlag Paul Parey, Hamburg und Berlin, 1983.

WAGENKNECHT, E.: Bewirtschaftung unserer Schalenwildbestände. 2. Aufl., Deutscher Landwirtschaftsverlag, Berlin, 1967.

Inhaltsverzeichnis

I. Sicheres Ansprechen —
Pflicht jeden Jägers 5

Begriff des Ansprechens 5
Bedeutung des Ansprechens 5
Aufgaben des Ansprechens 5
Ansprechen gestern und heute 6
Klasseneinteilungen 8
Örtliche Unterschiede 9
Veranlagung und äußere Einflüsse . . . 9
Fehlerhafte Ausdrücke 10
Anleitungen zum Ansprechen 11
Ansprechen und Wahlabschuß 11

II. Das Ansprechen des Rotwildes 12

Kälber 12
Körpermerkmale der Hirsche 15
Hängeknie 18
Geweihaufbau 18
Spießer 19
Zweiter Kopf 22
Folgegeweihe 24
Geweihabnormitäten 24
Geweihformen 25
Dreiecksregel 26
Mittelalte Hirsche 28
Alte Hirsche 28

Zurücksetzen 29
Kahlwild 30
Schmaltiere 30
Alttiere 31
Verfärben, Fegen, Abwerfen 32
Verhalten 33
Lautäußerungen 35

III. Das Ansprechen des Damwildes 37
Unterschiede zum Rotwild 37
Kahlwild 38
Spießer 39
Knieper, Löffler 40
Halbschaufler 41
Vollschaufler 43
Lautäußerungen 46

IV. Das Ansprechen des Rehwildes 47
Kitze 47
Körpermerkmale der Böcke 49
Gesichtsfärbung 51
Verfärben, Fegen, Abwerfen 53
Gehörnmerkmale 53
Verhalten 54
Bockeinstand 55
Rangordnung 55
Territoriumsgrenzen 56
Jährlinge 59
Knopfböcke 60
Der junge Bock 62
Unerwünschte Gehörnformen 63
Der reife Bock 65
Der alte Bock 65
Rickenabschuß 66

V. Das Ansprechen des Gamswildes 71
Besonderheiten des Gamswildes 71
Kitze 72

Kruckenwachstum 73
Kruckenformen 76
Geschlechtsmerkmale 77
Altersmerkmale 78
Verhalten 79
Brunftverhalten 80
Abschußrichtlinien 81
Kruckenmißbildungen 82
Ernteabschuß 83
Geißenabschuß 84
Lautäußerungen 85

VI. Das Ansprechen des Muffelwildes 86

Schnecken und Stümpfe 86
Schneckenentwicklung und Lebensalter . 87
Abnormitäten 89
Abschußrichtlinien 90

VII. Das Ansprechen des Schwarzwildes . . . 91

Altersklassen 91
Frischlinge 92
Überläufer 94
Bachen 95
Keiler 96
Hauptschweine 98
Abschußrichtlinien 99

VIII. Das Wiedererkennen bestimmter Stücke . 100

Bedeutung des Wiedererkennens . . . 100
Möglichkeiten des Wiedererkennens . . 100
Grundlagen des Wiedererkennens . . . 101
Grundformen des Rothirschgeweihs . . 101
Schaufelformen 102
Grundformen des Rehgehörns 103

Literaturverzeichnis 105